L'ALGÉRIE

TELLE QU'ELLE EST

RAOUL BERGOT

L'ALGÉRIE

TELLE QU'ELLE EST

PARIS
NOUVELLE LIBRAIRIE PARISIENNE
ALBERT SAVINE, ÉDITEUR
12, *Rue des Pyramides*, 12

1890

PRÉFACE

Dans l'Exposition algérienne, que voyait-on surtout ? — Le côté oriental, les étoffes, les cuirs, les tapis indigènes. Tout cela éclatait avec des couleurs vibrantes et tirait l'œil en trompant l'esprit du visiteur, qui ne liait encore connaissance avec l'Algérie que par son côté arabe. Cependant, dans les trois salles d'échantillons de vins, il y avait une preuve magnifique de la conquête moderne de cette terre barbare, par la civilisation française. Chaque bouteille de vin ne représentait-elle pas un clos, et souvent un domaine d'une centaine d'hectares ?

Mais tout ceci ne surprenait pas ; les verres étaient de la même forme que ceux de France ; il fallait longtemps réfléchir pour deviner que les trois salles de cette exposition si nue, exprimaient dans leur simplicité, un pas de géant fait par le progrès, grâce à la race française, de l'autre côté de la Méditerranée.

Puis, toutes les bimbeloteries coloriées venaient du faubourg Saint-Antoine ; l'Algérie arabe n'avait fourni que les modèles ; pas un Parisien ne s'y trompait ; toutes les soieries venaient de Lyon. Quelques-uns de ces marchands étaient des Maures qui roulent les foires; mais ce qui dominait parmi eux, c'étaient les Juifs de Tunis. Ils pullulaient, ils triomphaient comme marchands de nougat, de faux bibelots et comme impressarii de danseuses du ventre. Est-ce l'Algérie d'aujourd'hui ? — Non, certes.

Ceux qui vivent là-bas, ces colons d'Afrique, traités, par Charles Ferry, de buveurs d'absinthe et de mercantis, ont parmi eux une certaine quantité de brebis galeuses, ainsi que Paris a ses héros, chers à Bruant, et l'armée, ses zéphirs. C'est par ses actions d'éclat qu'on juge un régiment, et non par la valeur individuelle de ses soldats. Il faut donc juger les colons d'après leur œuvre ; l'œuvre des Algériens, déjà si forte, deviendra grandiose.

Comme une armée, ils s'étendent sur cette terre, depuis dix siècles barbare, inculte, couverte de ruines, dont le sol a été envahi par les chardons gigantesques et les broussailles ; ils conquièrent cette Afrique, à la pioche, à la charrue. Ils sont les pionniers de la civilisation et méritent bien de la Patrie ; car, à chaque champ qu'ils défrichent, à chaque arbre qu'ils plantent, c'est le sol de la France qui grandit et s'enrichit.

Voilà ce qu'on ignore en France où les masses ne voient encore l'Algérie que sous une tente et avec un burnous.

Si elle était plus connue, l'œuvre des Algériens, les paysans français n'émigreraient pas en si grand nombre pour les Amériques, allant risquer la misère sur les bords de la Plata ou ailleurs. Les Ministres n'auraient pas à s'inquiéter, à ordonner aux préfets de prévenir leurs administrés, contre les promesses et les descriptions fallacieuses des pays du Nouveau-Monde.

Si les émigrants avaient mieux connu l'Algérie,

non pas celle des Bédouins, mais celle des colons français, si, souvent, ils avaient entendu parler avec sympathie de ces Algériens, ils auraient voulu aller partager leur œuvre, qui leur ,procure la fortune et l'estime. Ils auraient quitté la France, mais pour l'agrandir. Ils n'auraient point filé vers l'ouest, sur des terres où rien ne leur rappelle leur Patrie, mais ils se seraient embarqués sur la Méditerranée pour aborder là où la nouvelle France s'élève.

L'auteur de ce livre a donc pensé qu'il serait peut-être à propos d'essayer une esquisse rapide de l'Algérie, et surtout du colon ; car Français, il mérite notre sympathie ; et sa vie heurtée, en proie à bien des difficultés, inconnues à la vie ordinaire du pays natal, peut éveiller la curiosité.

Les Algériens de 1860, tels que Daudet les a peints, « coiffés de grands feutres gris, attablés autour de verres d'absinthe, discutant politique », sont depuis longtemps disparus, « couchés dans les champs de tabac ». — Maupassant a traité l'Algérien, carrément, de criminel. Le colon n'a donc pas été heureux avec ses peintres ; ils l'ont défiguré et éreinté. Nul n'a pu le bien connaître, l'étudier longtemps et consciencieusement ; tous ont décrit en virtuoses, en faiseurs de chic, s'écartant de la méthode du maître, de Zola.

Ah ! celui-là, s'il n'avait pas été si sédentaire, si ennemi des voyages, comme il me l'écrivait, aurait pu venir de l'autre côté de la Méditerranée, et, de son regard investigateur et puissant, il aurait vite saisi le colon sous son vrai et beau côté, eût-il été, à son sujet, imbu d'opinions hostiles et fausses, opinions des masses et des superficiels !

Les Algériens ont leurs opinions, leurs besoins, leurs enthousiasmes et leurs rancunes. Mais ce sont des hommes avec une belle somme de travail à leur actif, prouvant leur valeur ; leurs idées, ils peuvent les discuter et les défendre.

Parmi ces opinions que j'ai transcrites, plusieurs choqueront plus d'un lecteur dont la religion est déjà faite. J'ai tenu à peindre, avec bonne foi et sincérité, le colon algérien, tel que je le connais, avec ses jalousies, ses bons côtés et ses dires. Si c'est étrange, et, surtout en dehors des données reçues parmi les écrivains et les lecteurs de Paris et de France, si la crudité du mot et l'âpreté du trait offusquent, j'en appelle à mon modèle, pour juger de la ressemblance et de la vérité, seul but de ce livre.

On a beaucoup écrit déjà sur l'Algérie ; bien de ses tableaux ne sont plus à faire, c'est vrai ; mais combien n'en est-il pas de nouveaux et qui n'ont jamais été étudiés ?

Non seulement l'Algérie offre des sites merveilleux pour les curieux, les artistes, mais cet ancien grenier de Rome avec ses plaines encore désertes doit être une espérance pour le penseur, que le paupérisme grandissant et menaçant effraye en France; car, avec une sage organisation politique, ces terres pourraient redevenir aussi peuplées qu'autrefois et assurer le repos de la Patrie en augmentant sa puissance. Enfin, l'Algérie expose au politique, dans toute sa hideuse nudité, la lèpre de l'usure ; elle montre, sous son vrai jour, la question juive, dont la solution sera la cause et le but de la révolution sociale à venir.

L'ALGÉRIE

TELLE QU'ELLE EST

I

Ne vous est-il jamais arrivé, au cours des giboulées et des brumes de mars, de vouloir subitement quitter Paris, de rêver une autre contrée moins humide et plus ensoleillée ? Alors suivez votre imagination qui cherche où vous pourrez aller assouvir votre amour de printemps et de chaleur et pensez à Biskra, à Biskra, la reine des oasis du brûlant Sahara.

Autrefois ce voyage était presque un voyage extraordinaire ; on ne le faisait facilement qu'en rêve ; mais aujourd'hui, en peu de temps, il peut s'effectuer.

Parti à sept heures du soir de Paris, vous vous embarquez le lendemain à Marseille, et, après une courte traversée sur cette bleue Méditerranée si redoutée jadis, vous abordez, vingt-quatre heures après, à Philippeville, sur la terre d'Afrique.

Au sortir de cette ville, le train vous mène d'abord dans un véritable Eden, au milieu de jardins, de plantations d'orangers,d'arbres de toutes sortes,d'une vigueur surprenante, à travers des plaines de vignobles, qui apparaissent à l'heure matinale du départ, encore couvertes de grands brouillards qui s'argentent, puis s'élèvent et se dispersent sous les chauds rayons du soleil.

Après cette zone de verdure et de fraîcheur, vous gagnez les hauteurs, les plateaux nus, sans habitations, où ne s'élèvent guère que les gares, plantées sur le sommet des coteaux verdoyants de blé.

Après avoir escaladé des montagnes, aperçu deux ou trois villages, vous arrivez aux environs de Constantine, au Hamma. Les horizons lointains se dessinent très nets sur un ciel limpide. Entre les montagnes, de formes bizarres et dont les hauts pitons sont encore couverts de neige, devant vous s'étend une grande vallée plus longue que la route de Paris à Etampes. Vous êtes prêts d'arriver. A un détour de la voie apparaît sur le flanc d'un mamelon, couleur de brique, une masse de maisons aux toits rouges, aux façades blanches. Ce sont les faubourgs de Constantine.

C'est Constantine ! vous écrirez-vous en regardant ces maisons qui semblent n'être éloignées de vous que de quelques portées de fusil.

Mais entre ce mamelon et vous, se creuse le profond commencement de cette vallée de la Kabylie, que vous venez de découvrir, et il vous paraît impossible que ce soit vers ce point que vous marchiez

En suivant la courbe du chemin de fer, la vallée se découvre davantage, et l'on peut en mesurer toute la profondeur. A sa naissance, en suivant les parois des montagnes qui l'encaissent, vous apercevez une fente immense entre deux masses de rochers à pic, et, sur l'un de ces rochers, les remparts et les boulevards d'une ville, qui, surplombant l'abîme, s'élève vers le ciel fière et isolée. C'est Constantine.

Pendant qu'un doute vous prend en examinant encore cet immense creux qui s'étend béant sous vos yeux et paraît rendre infranchissable l'espace compris entre vous et la ville, vous êtes surpris autant qu'émerveillé, en considérant au fond, le Roumel avec ses rives sinueuses, se déroulant comme un ruban, à travers des jardins et des terres rouges, ou vertes de blé.

Mais, tandis que vos yeux se repaissent, vous entrez dans les tunnels de l'énorme masse rocheuse s'élevant abruptement de l'autre côté de la fente, en face de Constantine. Puis, au sortir du dernier tunnel, vous vous trouvez tout à coup, devant cette ville qui tout à l'heure vous paraissait inaccessible.

Une fois à terre, au lieu de monter en voiture pour vous rendre à l'hôtel, l'envie vous prend de marcher sous les rayons de ce soleil chaud et lumineux. Vous comprenez alors l'adoration de certains peuples pour ce soleil qui est la richesse du pauvre, qui rend la force aux vieillards, donne de la beauté aux femmes et la vie à la nature. Aussi Constantine est pimpamte et coquette quand on l'examine de près, comme une jolie femme.

Autour de la gare, c'est un grouillement de gens empressés, un va-et-vient rapide d'hommes, de voitures, un mouvement vif d'activité que l'on ne rencontre pas dans bien des villes de France.

A peine sorti des entours de la gare vous arrivez sur le bord du ravin, cette fente immense séparant le rocher sur lequel s'élève la ville, de la montagne que vous venez de traverser, qui élève ses masses de calcaires encore au-dessus de Constantine et va se rattacher à l'énorme massif du Djebel Ouach.

Devant vous, de l'autre côté du précipice, se dressent audacieusement les maisons de Constantine, s'étageant en amphithéâtre, et dont la silhouette des constructions des boulevards supérieurs, de la Kasba, se profile en plein ciel. Arrêté sur le haut de l'angle des remparts de la Kasba, l'œil plonge en ligne droite dans la vallée de Roumel, qui vous réapparaît dans toute sa profondeur, entre cette échancrure du ravin. Vous voyez tout le pays jusqu'aux lointains pitons de Kabylie, voisins de la mer, comme étendus sous Constantine, qui, de si haut, domine et commande. Les Arabes ont, justement, appelé cette ville, un nid d'aigle.

Par le pont d'El-Kantara, vous franchissez le ravin. Approchez du parapet de fer: vous reculerez avec épouvante en calculant la profondeur de cet abîme béant sous vos pieds, au fond duquel. entre les blocs de rochers, le Roumel roule en mugissant.

Vous pénétrez dans la ville par une belle rue flanquée de hautes maisons françaises. A cette rue aboutit une infinité de ruelles étroites de l'ancienne ville arabe qu'elle traverse et remplace.

Alors vous êtes coudoyé par les types orientaux les plus bizarres, au milieu desquels s'aperçoivent le Kabyle crasseux et qui sent l'huile, l'Arabe pouilleux de la campagne, le Maure de la ville, propre et digne. Semblable à un gros paquet d'étoffes, la Mauresque voilée, ne laissant voir que ses deux yeux noirs, vous frôle. La petite juive en simple gandoura de laine rouge ou violette, les jambes et les bras nus, de ses grands yeux de braise vous dévisage. Voici le Français algérien, d'une allure plus vive, le zouave, l'air effronté, avec sa calotte sur l'oreille, le chasseur d'Afrique, bien campé sur son cheval, à l'air martial avec sa grande chechia rouge, sa large ceinture rouge par-dessus son dolman bleu ; voici encore le turco bleu, au visage bronzé, le spahis à la démarche conquérante. En brillants contrastes, tout cela se détache entre les costumes clairs des Arabes, et les vêtements sombres des Européens.

Arrivé sur la porte de votre hôtel, vous vous arrêtez pour regarder encore cette rue, véritable kaléidoscope ; et, tout ébloui, vous vous frottez les yeux comme saisi d'un soupçon d'hallucination, en vous répétant : « Mais avant-hier n'étais-je pas à Paris ? »

Trois jeunes Français s'étaient donné rendez-vous à Constantine, lors de l'inauguration du chemin de fer de Batna à El-Kantara. Désormais, la ligne terminée jusqu'à Biskra, le voyage au désert allait perdre une bonne partie de sa poésie et de son charme.

L'un des trois voyageurs était un ingénieur sortant de l'Ecole, l'autre un sculpteur. Un superbe groupe venait d'attirer les yeux sur son nom. Le troisième, cousin de l'artiste, était un Algérien, un colon, comme il tenait à être appelé, et dont les propriétés se trouvaient aux environs de la ville.

Constantine, par sa position, ses étranges contrastes, son histoire, demande à être parcourue curieusement. Aussi nos voyageurs s'empressèrent-ils de visiter les rues arabes, le quartier juif, les bords du ravin, les souks (marchés). A chaque pas, c'était un tableau à retenir, un souvenir à se rappeler. Passant sur la place Nemours, par où la ville peut maintenant, largement, communiquer avec le dehors, les amis du colon lui demandaient où était la place de cette fameuse brèche, dont l'assaut fut si meurtier.

Le colon, qui avait autrefois souvent accompagné son père dans ses recherches archéologiques à Constantine, connaissait la ville par cœur. Il s'improvisa avec plaisir le cicerone de ses amis et leur dit : « A la place de cette place, du théâtre, des halles, tout un quartier arabe était entassé là. L'espace qui séparait la ville du Coudiat-Ati, cette butte rouge qui domine la ville en face, et éloignée de deux cents mètres environ, était autrefois un énorme creux. Une étroite chaussée le traversait pour arriver à la porte Bab-el-Oued, où fut la brèche. Le quartier arabe démoli a comblé ce vide où s'élèvent et s'étendent maintenant, de plain-pied avec la place, deux squares remplis de grands arbres.

« La foule se promène gaiement en passant là, sans émotion au souvenir de ceux à qui elle doit ce bien être.

« Par ces temps d'anniversaires, de fêtes commémoratives, pour un fait intéressant tel parti, l'on a oublié ici, sans doute officiellement, de rappeler le jour où cette ville a été prise, jour qui devrait être un juste sujet de gloire pour toute la nation.

« Il est vrai, que si ceux qui sont tombés là, pour la France d'alors, entendaient leur nom prononcé dans une palinodie officielle, par les gens qui détiennent aujourd'hui les pouvoirs de la ville, ils se voileraient sans doute la face ; ils auraient regret de leur courage et de leur mort.

« Est-ce donc pour ces gens-là, pour leur donner la richesse et la domination, se diraient-ils, que nous avons combattu ? »

Les Algériens, dont beaucoup sont fils d'anciens militaires, se montrent justement fiers, de leurs pères et aussi des progrès faits par l'Algérie. Ils aiment leur pays et ont un foi robuste dans son avenir. Ils en sont jaloux, fort jaloux même ; c'est ce qui frappe tout d'abord ceux qui les étudient.

Assis, dans ce square fait de débris d'une ville, et reliant Constantine à ses faubourgs, les touristes lurent les pages du *Véloce* dans lesquelles Dumas célèbre la prise de Constantine ; puis ils visitèrent le chantier établi aux flancs du Coudiat-Ati pour raser ce mamelon, haut comme la Butte-Montmartre. Après avoir examiné avec plaisir les commencements de cette entreprise audacieuse, témoignant de l'esprit d'initiative et de l'énergie des Algériens, ils descendirent au ravin.

Il est bien difficile d'en donner une idée, car c'est tout à fait extraordinaire, sans comparaison. Après beaucoup de circuits, une descente très raide, on arrive au bas de l'angle de cette immense muraille rocheuse, au haut de laquelle s'élèvent les remparts de la Kasba. Les voitures ne vont pas plus loin ; il faut alors suivre une petite route, qui, à travers des rochers, conduit au ravin. L'entrée, large d'une centaine de mètres, entre les deux massifs de pierre d'un brun jaunâtre, dont on ne voit le sommet qu'en se tordant le cou, est effrayante.

Au milieu, coule le Roumel ; sorti du ravin, il rencontre une chute élevée et forme sur ces trois marches géantes une cascade. En suivant un tunnel, qui est creusé dans le côté droit du rocher, pour amener l'eau à un moulin voisin, on parvient à une centaine de mètres dans l'intérieur du ravin. Vous voyez alors une grande arche naturelle, du style sarrasin le plus parfait. Elle s'élève ainsi entre les deux parois, et les relie comme un pont. La plus haute cathédrale passerait sous cette arche qui semble être, avec le fond que l'on découvre derrière, l'immense portique d'une avenue dantesque.

Au fond, à peu de distance, non plus une seconde arche, mais une véritable route s'aperçoit. C'est un trou énorme, sombre et d'où sort un bruit sourd. Instinctivement, on se dit : « Voici l'entrée de l'enfer ! »

Oppressé par ce spectacle, si vous vous retournez, entre le cadre grandiose des deux parois de l'entrée du ravin, un ravissant tableau apparaît et montre un aperçu plein de lumière et de couleur, de la vallée de l'oued El Kebir, avec ses terrains jaunes, noirs, verts ou rougeâtres, et les montagnes bleues qui la forment au fond de l'horizon.

En repassant près de la cascade du Roumel, tous les cous se tournèrent pour distinguer une pointe de rocher, que le colon appelait le rocher d'Adultère, et qui forme l'angle du sommet du rocher de Constantine. Autrefois, du temps des beys, c'est de cet endroit surplombant complètement l'abîme, que l'on précipitait les pauvres femmes amoureuses, en dehors du harem, après les avoir enfermées dans un sac, avec un chat, un coq et un serpent.

En songeant à une chute possible d'une telle hauteur, on ne peut s'empêcher de frémir.

C'est par là aussi, que, lors de la prise de la ville, une foule de malheureux habitants tentèrent de s'enfuir, et formèrent au bas un épouvantable monceau de chair humaine.

Trompés par les perfidies des Juifs, qui voulaient profiter de leur désastre pour se venger de ces anciens maîtres de la ville et les dépouiller de leurs bijoux et de leurs biens, ces malheureux craignant pour leurs femmes, leurs enfants, pour eux-mêmes, mille horreurs de la part des Français, résolurent de se sauver. Sortir de la ville était impossible à moins de descendre par le ravin. Tout effrayant que fut un pareil projet, il fut tenté. De longues cordes furent attachées au rocher, et dans le gouffre, une file humaine commença à descendre, emportant ce qu'elle avait de plus précieux. Mais les cordes étaient trop courtes ; et tous ceux qui s'y engagèrent, en tombant au fond du ravin, furent broyés. A l'approche des zouaves dans la Kasba, la foule se précipita avec fureur à ces cordes. Ce fut alors une véritable pluie de corps humains dans le gouffre.

Puis, les cordes surchargées se rompirent, et toute la file des fuyards s'abîma sur les premiers tombés.

Les Français, en arrivant à ce fatal rocher, se penchèrent sur l'abîme et découvrirent au fond, ce tas immense de corps humains, écrasés au milieu des couleurs éclatantes des vêtements précieux, des soieries, des scintillements des bijoux.

Bien qu'ils fussent encore dans toute la colère du combat, l'ivresse du sang et de la poudre, ce spectacle les frappa de terreur. Une pitié profonde les saisit pour ces malheureux, victimes d'un si furieux et si incompréhensible désespoir.

Le ravin visité, les touristes remontent en ville. Un garçon de l'hôtel, un Kabyle, avait promis aux étrangers de leur montrer des danseuses juives. Venir à Constantine et ne point assister aux voluptueux ébats des danseuses indigènes, serait un voyage manqué. Chacun se délectait déjà, à l'idée de voir dans son pays, avec son cadre, une vraie danse du ventre. Mais l'Algérien, avant de partir, ayant interrogé le Kabyle, lui fit avouer la grossière embûche qu'il avait tendue à la naïveté des voyageurs. Cependant, ils se dirigèrent vers le quartier juif pour y voir la Juive non pas danser, mais laver.

Au bout de la rue de France est une place ; c'est le haut du quartier juif. Là toute une foule de petites Juives, de sept à dix ans, jouaient à qui mieux mieux ; qui à la balle, qui à la corde, qui aux osselets. Ce tableau était charmant.

Les touristes étaient émerveillés de cette orgie de couleurs que formaient les gandouras de couleurs vives, les foulards de soie. L'Algérien surtout paraissait ravi. Ses compagnons lui firent part de l'étonnement que leur causait son admiration pour les enfants de Juifs qu'il paraissait détester si fort.

« Vous êtes étonnés, leur répondit-il, que j'admire ces yeux de velours, ces lèvres sensuelles et d'un rouge éclatant, qui invitent aux baisers. Vous ne voudriez pas que je sois captivé par la vue de toutes ces chairs des bras, des jambes, du flanc et de la poitrine, que ces enfants, dans les mouvements de leurs jeux, nous laissent naïvement apercevoir ? C'est un des plus brillants tableaux que vous puissiez voir dans ce pays.

« Il est reconnu que la Juive est surtout belle à Constantine. Ce qu'il y a de plus beau dans la Juive c'est l'enfant. De quinze ans à dix-sept ans, la Juive est mariée ; elle devient aussitôt soufflée, épaisse avec je ne sais quel air de bestialité repue qui remplace la vive expression de sensualité de sa figure de jeune fille, de fillette.

«Je hais les Juifs, je les abomine même, et avec raison ; cependant, je ne suis point aveuglé par ma haine pour ne pas voir ce qu'il y a de remarquable dans leur race.

« J'arrivais un soir en ville après le dîner. Le café, où je ne trouvais plus mes amis officiers changés de garnison, internes repartis pour Alger ou Paris, me parut assommant, je le quittai. En fumant, j'avais pris la rue qui mène au quartier juif. Justement à cette époque des élections municipales, dans une sous-préfecture, venaient d'avoir lieu. Les candidats du parti juif avaient battu les candidats du parti algérien français. Ce fait était désolant. Je m'efforçais de ne point y penser ; mais à chaque pas en marchant dans les rues de cette ville, le chagrin de cet échec me poursuivait. « Est-ce possible, me disais-je, que la France ait conquis ce pays pour ces gens-là, ces dupeurs éhontés qui ne vous cajolent que pour vous faire trébucher, ces abominables corrupteurs, ces envahisseurs insatiables. Est-il possible qu'un Juif soit mon égal ! Un Juif que j'ai appris à mépriser, étant enfant, comme le plus vil des êtres, pour son manque de foi, son manque de cœur ? Peut-il se faire que ces hommes qui n'ont rien fait, rien dépensé, pour conquérir ce pays, non seulement en jouissent comme moi, fils et neveu d'hommes morts pour le gagner à la France, mais encore parviennent à y exercer le pouvoir et osent en convoiter la possession ! » J'étais donc sous le coup d'une violente irritation contre les Juifs, ces descendants de Jacob qui sont toujours, comme leur père, des supplanteurs. « Quand donc, pensais-je, pourrons-nous rentrer ici, sabre au poing et bottes ensanglantées, pour nous en débarrasser ? Car, il est des plaies qu'on ne peut guérir, il est des gangrènes qu'on ne peut arrêter, qu'en coupant dans le vif, en faisant couler le sang. »

« Pendant que je roulais toutes ces idées de vengeance, je marchais toujours, et je me vis dans la rue Grand. Dans une maison voisine j'entendis une musique. Je m'approchai et j'entrai dans cette maison. Elle était pleine de Juifs ; une ribanbelle d'enfants grouillait dans le corridor, sur l'escalier. Des hommes qui passaient m'invitèrent à entrer. Un Juif qui faisait les marchés me reconnut. On me fit place avec empressement ; et, je me rangeai, seul au milieu de tous ces Juifs, sur la galerie, au bas de laquelle, dans la cour, étaient les musiciens, des femmes en grande toilette, une foule d'invités. C'était une noce. Un peu après mon arrivée, une femme d'une vingtaine d'années, belle et pas trop grosse, se leva et vint se placer devant les musiciens. Elle avait une medebbi de soie mauve, avec des fleurs d'or. Ses bras demi-nus étaient, vers le haut, voilés par de larges manches de gaze aux filets d'or. Dans les mains elle avait deux mouchoirs de soie noire, bleue et rouge. J'ai pu voir quelquefois, dans des fêtes particulières, danser des filles arabes, quelquefois des Mauresques; vous verrez les Ouled-naïl à Biskra; mais je doute que vous puissiez voir la danse orientale aussi bien exprimée que je la vis ce soir-là.

« On ne peut la décrire : c'est l'image de l'amour heureux aux divers moments, sous l'influence des différents sentiments qui s'emparent du cœur. Ce sont ces mouvements si expressifs du corps, selon que la passion est vive, languissante, assouvie, que la danseuse reproduit avec grâce et habileté. Pour l'œil profane c'est toujours la même chose, un même balancement; mais pour celui qui sait le libretto et peut suivre la partie des yeux, la danse est comprise et la danseuse vous prend au cœur en vous ravissant les yeux, en captivant votre imagination. Il semble qu'en vous donnant l'image de vos désirs, elle vous en procure la réalisation, la jouissance, mais idéale, sans fatigue et sans satiété.

C'est enfin, proprement, un charme; jamais on n'est lassé. Votre esprit est captivé; vous êtes tout absorbé par tout cet ensemble voluptueux. Je tombais sous ce charme; j'arrivais à aimer cette Juive qui me ravissait; j'en oubliais tous les yeux de chacal et de vautour des hommes, qui garnissaient les galeries et m'entouraient. »

Un joyeux sourire de ses amis accueillit cette anecdote typique de l'Algérien antisémite. Quel sera le dénouement de cette haine que les Algériens vouent aux Juifs ? Ce soir-là, les lèvres entr'ouvertes par les sourires ou les spasmes d'une femme coquette et sensuelle, les grands yeux noirs brillants de désirs, les joues et les oreilles empourprées par le plaisir de cette belle Juive voluptueuse, firent trève à cette haine. Mais, d'un côté, avec le caractère audacieux et violent des Algériens, leur volonté tenace; d'un autre côté, avec la cupidité égale à l'insatiabilité des Juifs froissant, de plus en plus l'amour-propre, menaçant les biens, de la race ayant conquis l'Algérie, qu'eux exploitent en maîtres masqués, mais absolus, n'est-il pas à craindre qu'un jour les ruines qu'ils auront causées ne réunissent à ces Français d'Afrique les Arabes, qui, méprisent, exècrent, comme un article de foi, les Juifs, dénoncés par le Coran comme le fléau des sociétés avec leur industrie fatale, l'usure?

Continuant à visiter la ville, les voyageurs entrèrent dans la Kasba et s'arrêtèrent longtemps devant le petit mausolée de pierres jaunes, entouré de quatre cyprès, où reposent les restes des Français tués à la prise de Constantine. Il est placé auprès des remparts, s'élevant sur la crète du rocher; et, de là, de cette hauteur superbe, l'œil domine tout le pays qui s'étend jusqu'à la mer, formé d'une partie de l'antique royaume de Massinissa et de la Kabylie orientale.

S'il est mesquin ce monument qui couvre ces restes des braves, morts à la conquête de cette contrée, quel décor plus grandiose pouvaient-ils rêver pour leur tombeau et leur gloire ?

Le soleil allait se coucher ; la vallée de l'Oued Roumel s'emplissait d'ombres longues, descendant irrégulières des sommets des montagues de l'ouest. Et, sur les flancs de ces montagnes l'on apercevait encore de grandes masses de lumières faisant ressortir près des larges taches d'ombres, le blanc des calcaires, tandis qu'à l'orient et au nord, les pics éloignés prenaient comme des teintes lilas, roses ; couleurs qui se mariaient bien avec le rouge feu, le gris, les echappées d'opale des nuages.

Le soir, après avoir visité le palais de la Division, l'ancien palais de Amet-Bey, les trois amis s'arrêtèrent pour écouter la musique des zouaves, qui jouait sur la place. Presque toute la population de la ville s'y rassemble à ce moment. Sur cette place carrée, au milieu de cette foule de gens si différents les uns des autres, en face de ce palais à la façade blanche et nue, au-dessus duquel flotte à longs plis le drapeau de la France, agité par le vent du désert, on éprouve une émotion singulière de patriotisme.

Le souvenir, en effet, est encore vivant des luttes qu'il fallu entreprendre pour conquérirce sol d'Afrique; et, dans l'avenir, pour le garder à ce drapeau ce pays, n'y aura-t-il pas encore des luttes à soutenir? L'Italie a maintes fois laissé percer sa furieuse envie d'avoir, avec la Tunisie, cette vieille terre de l'ancienne Numidie. Enfin, dans la population indigène et même européenne, ne sent-on pas déjà des éléments d'hostilité fermenter, tendre vers l'indépendance, et qui rappelleront, à une époque plus ou moins rapprochée, les révoltes de l'une et l'autre Amérique contre leurs métropoles injustes et inhabiles ?

II

La musique terminée, la retraite se forma; et, à la suite de sa marche endiablée, la foule en longs flots quitta la place. Entraînés, les trois amis se trouvèrent sur la place de la Brèche. La nuit était brillante, l'air frais, le ciel d'une limpidité parfaite. Le colon héla une voiture afin d'aller aux environs de la ville faire une promenade — « sous les étoiles ».

En suivant la route de Sétif, taillée sur le flanc du Coudiat-Ati, au sol d'un rouge vif, les voyageurs aperçoivent au-dessous d'eux le Bardo, le faubourg suburbain de Constantine.

Quelques coins de façades blanches éclairées apparaissent au milieu des masses sombres des toitures de tuiles. Le quartier du train étend, au bas, son large et sombre parallélogramme. Dans le creux de cette vaste cuvette formée par le Coudiat, le Mansourah et le

Rocher où est Constàntine, le Roumel se déroule, éclairé par les lumières de la nuit, pareil à un jet immense de plomb fondu. Il disparaît dans le gouffre du Ravin, haute et étroite bande noire qui sépare la ville du Mansourah.

Au bas des versants du Mansourah, qui s'élève de l'autre côté du Roumel, une route descend du haut du ravin à la rivière, en diagonale. Sa blancheur éclate au milieu des terrains noirs, schisteux, semés de plantations et de maisons. A mi-côte, la ligne horizontale du chemin de fer le coupe. Les lanternes rouges, vertes ou jaunes, des disques brillent, semblables à des rubis géants. Et par-dessus cette profonde vallée, le sifflet des locomotives traverse très pur.

Après avoir contourné et dépassé le Coudiat-Ati, la route descend à la rivière. Tout le long, des grands arbres s'élèvent : de temps en temps la grille d'une villa s'aperçoit.

Sous le ciel étincelant d'étoiles, la terre découvre à l'œil des horizons lointains, de vastes étendues emplies par la nuit d'ombres et de silence. Le moindre bruit s'y entend et s'étend au loin. Sur un arbre, une chouette lance son cri poignant d'angoisse ; dans une ferme, une vache pousse de longs beuglements, un chien, de vigilants hurlements, au bruit des grelots des chevaux.

Le Roumel passé, la voiture s'arrête sous une épaisse bordure d'arbres. Au-dessus, semblables à des fantômes immenses, les piliers jaunis d'un superbe aqueduc romain se dressent. A gauche, la ville apparaît dans le lointain; et, avec ses lumières étagées en amphithéâtre, on dirait un vaste manteau sombre étendu et semé de diamants.

La route continue sous d'épaisses voûtes d'arbres très hauts et arrive à la pépinière. C'est le Bois de Boulogne de Constantine. Le Parisien peut lui envier ses beaux arbres et surtout le fond de décor qu'il voit ici avec la ville aérienne bien près de lui et paraissant de ces bas-fonds, si haute, pareille à un coin du ciel étoilé descendu à terre. Sous ces épais ombrages entourés de tous côtés par des plantations et des constructions, il est bien difficile de se croire sur une terre naguère barbare et inculte.

Par la route, qui coupe en diagonale le bas des flancs du Mansourah, la voiture remontait vers Constantine. Dans une allée de lilas du Japon, devant un restaurant enfoui dans la verdure, plusieurs voitures stationnaient. L'Algérien et ses amis descendirent. Dans ce restaurant une bande de promeneurs était déjà installée. Un d'eux, un ami de l'Algérien, le reconnut, et vint l'inviter avec ses amis à se joindre à leur table.

Entre jeunes gens, la conversation s'engage vite. Les Algériens étaient fort avenants, et celui qui avait invité le colon et ses amis, très sans gêne. Pour être plus à l'aise en découpant il s'était mis en manches de chemise. Il disait au colon :

« Je ne suis arrivé que ce soir ; je n'ai même pas eu le temps de me faire couper les cheveux. Voilà plus d'un grand mois que je n'ai pas quitté notre montagne. En ce moment, il y a un travail du diable : les plantations de vignes, le défrichement, la préparation des terrains de printemps pour y essayer ce nouveau Sorgho à balai. Je vais demain au Kroubs acheter une centaine de brebis. Tu vois, c'est absolument lancé ; je ne sais si je pourrais seulement aller cette année en France ; mais ça pousse ; ça marche ! »

Dans le décousu de la conversation, bien des sujets furent abordés.

L'ingénieur, en parlant des colons, employa quelques qualificatifs malsonnants. L'Algérien qui découpait en manches de chemise, s'arrêta la pointe du couteau en l'air. « — Hein ? lui dit-il, en lui lançant un coup d'œil acéré, vous dites ? » Puis, sans rien ajouter, après un haussement d'épaules très prononcé, il continua à découper tout en disant à l'ingénieur : « Vous êtes débarqué d'hier, n'est-ce pas ? vous connaissez l'Algérie moins bien que je ne connais le Pérou. Je me garderais pourtant d'en parler, de peur de dire des bêtises. Voyageant dans notre pays, tâchez de le bien regarder. Les opinions que vous me paraissez avoir à son sujet changeront. Vous êtes du reste en bonnes mains. Mon ami se chargera avec plaisir de vous instruire. Je souhaite que vous ne repartiez pas avec le stock de sornettes, de stupides et perfides préventions que vous avez, ainsi que presque tous les Français, à notre égard... Donnez-moi votre verre... Que pensez-vous de ce vin blanc-là? Il est d'un de nos voisins. A votre bon voyage! »

Ce fut une heure fort gaie. Les voyageurs sortis laissèrent la voiture suivre derrière, et ils marchèrent sur la route blanche, damassée par les ombres des branchages.

Le regard de l'Algérien avait froissé l'ingénieur; son haussement d'épaules brutal, son sans-gêne, ses cheveux embroussaillés l'avaient choqué. Aussi en causant avec son ami le colon, il lui dit :

— Un type, votre ami, un gaillard, si vous voulez, mais un buisson d'épines.

— Que lui avez-vous donc dit?

— Nous causions des paysans, des colons, des gens de la campagne. J'émettais mes opinions; il les a très mal jugées.

— Vous lui avez débiné le colon?

— Je lui disais que j'ai beaucoup connu le frère d'un de nos amis de l'Ecole, inspecteur d'assurances. Il vient tous les ans en Algérie et connaît parfaitement ce pays. Eh bien! pour lui, les colons sont de fameux chenapans, de vrais descendants des déportés de 48 ou de 52; ou un tas d'hommes désagréables à leurs voisins et à qui le maire de leur commune, en France, est parvenu à faire accepter une concession en Algérie, afin d'en débarrasser ses concitoyens. Dès qu'ils sont arrivés, ils louent de force aux Arabes leurs concessions, et passent leur temps généralement autour de verres d'absinthe, au cabaret, ou à la chasse. Dès qu'on les interroge sur leur existence, sur leur vie, ils se mettent à brailler sur « ces canailles d'Arabes » qu'ils veulent dépouiller de leurs terres à coups de fusil ; ils braillent sur leur justice, sur leur administration. Enfin, ce sont des citoyens d'un drôle d'acabit, peu intéressants, dont il a été bon de débarrasser la France.

— Et vous êtes étonné que mon ami ait relevé ces opinions ! Mais c'est un colon, lui, et comme moi il revendique ce nom, cette qualité. Toutes vos opinions ne sont que celles de votre ami l'inspecteur d'assurances. Permettez-moi de vous dire qu'elles sont non seulement fausses, mais intéressées. Votre ami, vis-à-vis des Algériens, est le représentant de capitalistes, dont les intérêts sont forcément opposés à ceux des colons, et, en bon agent, l'inspecteur doit défendre sa compagnie. En se voyant très fortement écorchés ou trompés, les colons crient très fort. Maintes fois il a dû être traité par eux de voleur et d'exploiteur. Leurs cris encore dans les oreilles, votre ami, revenu à Paris, les traite pour se soulager, de chenapans, d'absinthés et de mangeurs d'Arabes. Rancune d'intérêts, mon cher, et d'amour-propre blessé. Mais, au point de vue politique, il y a autre chose à étudier que ces cancans; il y a à voir le pays, à en examiner la terre.

Au sortir de Philippeville, qu'avez-vous rencontré? Une contrée merveilleuse et sans Arabes. Avant d'escalader les montagnes, encore dans le Sahel, le littoral, à Robertville, du haut de la voie ferrée, de chaque côté de vous, sur les coteaux, dans les vallons, vous avez vu de grands bâtiments blancs aux toits rouges de belles fermes françaises, au milieu de grands champs verts de blé, aussi bien travaillés que dans n'importe quel département français. Après cette gare, vous êtes entrés dans un pays couvert aussi de beaux champs de blé, mais malpropres, remplis de pierres, de chardons, et où, pas un arbre planté ne s'aperçoit. Cette terre appartient aux Arabes, ou est cultivée par eux, habitant ces bas et sales gourbis noirs qui ressemblent à des tas de fumier.

Eh! bien, c'est cette immense différence, c'est le progrès éclatant et saillant dans ce brusque contraste, qui est la meilleure réponse à faire, tout d'abord, aux détracteurs des Algériens et qui devrait immédiatement frapper les yeux et l'esprit des voyageurs.

Nous sommes très ignorés en France; les gens qui veulent faire de l'esprit en parlant de nous disent : les coloniaux; le journaliste, s'il a par hasard à parler d'un de nous écrira : le susdit Algérien. — Le bourgeois nous demande pourquoi nous ne sommes pas habillés à l'arabe, etc.

Je veux, dès le début de votre voyage, vous éclairer, vous montrer vos erreurs, afin de vous éviter d'autres méprises.

Vous venez d'émettre les idées reçues dans presque toute la France au sujet des Algériens, des colons en particulier; vous jugerez bon que j'expose leur défense, qui est aussi la mienne.

III

Voilà trente ans que l'on répète en France les mêmes rengaines : l'Algérie est une ruine, elle a dévoré des millions, absorbé des flots de sang, et, le pays est aujourd'hui habité par une sorte de race bâtarde de France, une sorte de Français métisés, mais métisés de crapules : des échappés de correctionnelle, des déportés politiques, des têtes brûlées, des adultères, des fuyards enfin, du sol de la Patrie. Toute une population d'êtres malfaisants et ignobles pullulent dans Paris; applique-t-on à tous les Parisiens leur qualité et leurs métiers.

Daudet nous a peints coiffés de grands feutres gris, discutant politique autour des verres d'absinthe; Maupassant nous traite de bandits; Ferry, du haut de la tribune, réédite le portrait fait par Daudet et ajoute l'épithète de mercantis. Mais cela prouve-t-il grand'chose? Ces accusateurs connaissaient-ils bien ces gens qu'ils stigmatisaient, les livrant au mépris de là

France? Avaient-ils entrevu leur vie, deviné leurs angoisses, étudié leurs travaux; avaient-ils cherché des amis capables de les instruire, s'étaient-ils donné la peine de chercher des modèles, ces maîtres du bien dire, mais du bien dire trompeur?

Le politique, pour les besoins de sa cause, de son parti, nous a couvert d'outrages pour refuser les pauvres subsides que nous demandions alors, et les garder afin de les engouffrer au Tonkin, dans les poches de ceux qui ont « monté » cette conquête aux antipodes. Les écrivains ont peint en artistes; pour ne pas déranger la mise en valeur de leurs tableaux, ils ont fait fausse route. Ils avaient mis l'Arabe en lumière; ils ont été forcés de mettre le colon dans l'ombre.

Ah! s'ils les avaient connus, comme moi je les connais, leur opinion eût été changée, leur œuvre y aurait gagné; ils auraient pu peindre avec autant de talent, mais en bons citoyens, en patriotes. Il y a dans l'Algérie une certaine collection de gueux, mais à côté il y a d'autres hommes, dignes d'estime, qui méritent d'être connus. Lorsqu'en France, au milieu de nos amis ou dans un salon, nous disons notre vie et nos réclamations, généralement la surprise ou l'antipathie se montrent. Vous vous plaignez de la France, nous dit-on, mais pourquoi? La France n'a pas l'Algérie pour faire la fortune des planteurs, des colons et des mercantis. — Pour qui alors? — Pour les Français. — Et nous, pour qui nous prenez-vous? — Je veux dire pour tous les Français. — De toute la France alors? De ceux qui ne sortent jamais de chez eux et pour qui, nous, ainsi, véritables fermiers, vrais *convicts*, devons travailler. Ah! vraiment, la méprise est fort belle! Vous voulez, n'est-ce pas, que tous les Français bénéficient de l'Algérie? — Oui certes. — Ainsi, vous, mon cher, qui n'êtes jamais allé là-bas risquer votre vie et votre argent, grâce aux impôts dont la France veut dès maintenant nous grever et qui nous attristent, vous voulez bénéficier de nos travaux! Votre injustice est flagrante. Allons! établissons bien la question. La France a conquis l'Algérie, mais pour qui? Non pour vous, peureux ou heureux sur le sol de la Patrie, mais pour ceux de ses enfants qui auront le courage ou le besoin d'aller sur cette terre barbare, inculte, donner du travail et trouver là fortune. Et ceci est la moindre de nos plaintes.

Nous comprenons parfaitement que la Mère-Patrie ayant tant dépensé pour gagner ce pays, cherche promptement à rentrer dans l'intérêt de ses dépenses ; nous le comprenons fort bien, dis-je, et nous voudrions seulement une plus longue échéance. Mais ce dont nous nous plaignons amèrement, et ceci au point de vue patriotique français, c'est de voir l'étranger, grâce à la France, bénéficier de l'Algérie à notre détriment et à celui de la Patrie.

Pour qui enfin la France a-t-elle conquis ce pays?

Pour ses enfants, n'est-ce pas, et non pour ces évadés, ces fuyards, ces affamés des Calabres, des Apennins, des Sierras, de Malte, le ban et l'arrière-ban des Juifs de l'Orient.

Aucun peuple ne se sentait l'audace et n'avait eu la force de prendre cette vieille terre romaine. La France enfin s'en est emparée. Cette superbe proie, elle l'a terrassée après un temps bien long de luttes héroïques; et abattue, rendue, elle devait, comme un lion, se la réserver. Mais usant d'un abandon coupable, oui, coupable, quand l'avenir est incertain et le passé infaillible avec ses exemples si nombreux, elle l'a abandonnée. Aussitôt, comme des chacals, des vautours, des hyènes, trop lâches ou trop faibles pour avoir osé l'attaquer, tous les peuples de la Méditerranée se sont jetés dessus. Les lionceaux aujourd'hui sentent ces voraces devenus si puissants qu'ils sont obligés de montrer les dents pour garder leur part. Ils en appellent, hélas! jusqu'à présent sans espoir, au lion, pour les protéger et garder pour eux cette belle conquête qui doit assurer leur existence et grandir leur force.

Ce dont nous nous plaignons surtout, c'est de l'indifférence, que nous rencontrons en France, dans le peuple, et principalement dans ce que le *Figaro* appelle son grand public. Chez le peuple, la cause en est l'ignorance; car chez lui les sentiments nobles et généreux, pour tout ce qui est du travail et du courage, existent et se montrent spontanément; chez les autres, l'indifférence provient de l'antipathie de l'esprit bourgeois, profondément égoïste; envieux des qualités qu'il n'a pas; jaloux dans sa fortune, dans son apathie, son scepticisme, son manque de tout sentiment généreux pour les individualités ambitieuses, dont le cœur s'émeut et la volonté est puissante. Voilà notre peine et notre malheur; nous sommes, pour les Français, des inconnus; et, c'est à eux à qui nous voudrions en appeler. Les ramoneurs, les petits Savoyards, ont eu Guiraud pour émouvoir la France sur leur physionomie peu intéressante, que n'avons-nous pour nous un livre de Zola! La France entière, l'ouvrier comme le politique et l'artiste, pourraient connaître alors vraiment l'Algérien en appréciant ses travaux, ses espérances, ses qualités comme ses bizarreries et ses besoins; le Français prendrait de la sympathie pour ses frères de l'autre côté de la Méditerranée.

Lorsqu'en 1840, un voyageur venait sur cette terre, pour qui devait être ses sympathies? Pour les indigènes dont les frères ou les coreligionnaires montraient encore sur les montagnes voisines des villes ou des camps, les feux de leurs bivouacs ou de leurs incendies, ou pour nos soldats essuyant les coups de fusil de ces Arabes, pour gagner ce pays à la Patrie, à la civilisation?

Aujourd'hui, la situation est presque la même. Ce n'est plus à coups de fusil que la race française conquiert l'Afrique, c'est à coup de pioche, non plus avec des canons, mais avec des charrues. Eh bien! pour qui la France doit elle être intéressée et prévenante?

Brigands, ivrognes, gens tarés, fainéants, mangeurs d'Arabes, voilà comment nous sommes dépeints et connus. Elle tient encore cette opinion que pour venir en Afrique, il faut avoir à cacher un vice ou un cadavre.

Le mal a pénétré beaucoup d'esprits pourtant impartiaux et quand vous leur exposez sans fiel, très raisonnablement, vos ennuis et vos craintes, ils vous disent avec un ton rempli de réticences assez malignes : « Mais pourquoi avez-vous quitté la France ? »

Le jeune homme qui lâche son grimoire pour s'engager avant l'âge, et, au chant du départ, gagner l'armée et chercher l'ennemi ; le peintre qui, poussé par son génie, laisse l'heureuse bureaucratie pour venir à Paris, étudier son art et jusqu'à près de trente ans encourir les rigueurs de sa famille, la misère et les difficultés d'un débutant; tout individu enfin, qui s'échappe de la masse compacte, sentant ses forces se révolter dans leur manque d'exercice, son cœur soupirer et son ambition s'émouvoir pour une autre vie plus personnelle, plus active, avec un idéal plus élevé ; tous ces forts, tous ces courageux, en face de la mort et de la Fortune, comme les colons, les premiers qui sont arrivés en Algérie, ne sont point appréciés de ces gens-là.

Pourquoi avez-vous quitté la France ? — Eh ! parce

que, doués d'un esprit d'aventure, nous nous sommes plu souvent à méditer en dehors des données communes, parce que notre cœur a vibré à un grand projet de notre imagination, parce que notre courage nous a poussés à partir du sol de la France, pour développer sur d'autres continents sa fortune, son autorité et sa gloire; parce que le péril ne nous fait pas peur : il nous fascine, parce que nous sommes des enthousiastes, — et que nous ne vous ressemblons pas !

Après les insultes et les méchants portraits qu'une masse de gens, d'artistes même, ont répandus, on ne saurait trop répéter et prouver que la France n'a pas à être honteuse de nous. C'est une absurdité que de nous traiter d'ivrognes ; le climat se charge de nous débarrasser de ces malheureux, et c'est une perfidie que de nous montrer sérieusement comme des arabophobes. Nous ne souhaitons nullement l'anéantissement pur et simple des Arabes. Nos récriminations n'augmentent qu'en raison de nos difficultés de voisinage, de l'apathie forcée du gouvernement, assujetti à la fausse opinion d'une certaine bande de politiques dits économistes réunis à Paris sous le beau titre de membres de la *Société protectrice des Indigènes*. Forcés de leur obéir, nos gouverneurs ne peuvent nous assurer la sécurité de nos vies et de nos biens. Ce qui nous préoccupe, ce qui nous exaspère, c'est de voir la France arrêtée par la phraséologie, ne pas oser, comme toutes les nations, protéger ses nationaux.

Un de mes amis, lieutenant, revenant du Tonkin, put s'arrêter et visiter l'Inde anglaise. A son retour, nous en causions souvent ensemble : il me disait : « La honte me prend quand je compare l'Angleterre et son œuvre immense avec la France. Entre le système colonial anglais mêlé de perfidie et d'une atroce inhumanité et le nôtre, il y a un abîme, une différence bien grande en faveur de notre action sur la civilisation ; mais, si l'on calcule le résultat, n'est-on pas effrayé de voir que les Français, dans toutes leurs colonies, ont joué le rôle du peuple qui tire les marrons du feu. »

Je le sais : on conquiert un peuple par la force, on se l'assimile par la douceur. Oui ; mais ceci dépend de quel peuple. L'Alsace aujourd'hui, même aujourd'hui, si française, n'a pas toujours fait partie du domaine royal. Avec quelle adresse, je dirai même quelle galanterie, les Français sont-ils venus sur le Rhin, planter le vieux drapeau aux fleurs de lys ! Ce fut par des fêtes et presque au milieu des vivats que l'armée de Louis XIV entra dans Strasbourg. Peut-on comparer les indigènes d'Afrique avec les Alsaciens ? n'y a-t-il pas une différence à montrer dans les relations, suivant ceux à qui on s'adresse ? Enfin, les Arabes se sont-ils montrés dignes de l'empressement des Français, pour leur appliquer le droit commun qui, d'après Bezy, dans une sortie fameuse, faite au conseil supérieur, ressemble « à des meringues offertes à des cochons ».

Quand Albert Grévy nous est arrivé comme gouverneur, dans sa fameuse tournée dans toute l'Algérie, que lui demandait-on ? La sécurité, et avant tout la sécurité. Après dix ans, nous sommes forcés de reconnaître que le banditisme indigène va croissant, en raison de son impunité. Cela est-il difficile à comprendre ? Supposons un coin de Paris, de la Madeleine au Louvre, entre la Seine et les boulevards, mis à part. Tout le reste de Paris est habité par d'autres gens qui, dans ce coin de Paris, viennent voler, assommer, et impunément ; car dans leurs quartiers il est impossible à la police, à la justice de pénétrer et d'agir effectivement. Telle est notre situation, à nous, Algériens, colons. Dans ma commune, nous sommes, tant au village que dans les environs, 80 électeurs, et il y a autour de nous, dans des montagnes où il est difficile de pénétrer, 7,000 indigènes.

Un nouveau propriétaire qui avait acheté une terre un peu éloignée de chez moi, était souvent la victime de la rapine de ses voisins. A chaque instant il allait prévenir la gendarmerie. Une fois, j'offrais un rafraîchissement, à leur retour de chez lui, à mes bons gendarmes, éreintés, brûlés par un soleil de juillet et revenant parfaitement bredouilles. « Parbleu ! me disaient-ils, pourquoi ne nous fait-il pas venir, ce nouveau débarqué, aussi pour ses poules dévorées par les chacals ; les Arabes et eux, quif-quif. »

Afin de rallier les Arabes, il faut que la France ait surtout une justice, qui gagne la confiance et l'estime du peuple. Mais il faut que cette justice soit armée et honnête, parfaitement française et capable de donner à tous le droit, et surtout à nous Français, la sécurité. Depuis sept ans, les Arabes volent, incendient, assassinent avec une recrudescence effrayante, une suprême désinvolture. Notre justice est incapable, et du moment que notre justice ne peut, vis-à-vis d'eux, avoir aucun moyen d'investigation et d'aide, leur appliquer notre code est parfaitement insensé. Il nous faut une loi spéciale.

Voit-on les colons se réunir par bande, s'armer et, la nuit, partir faire une razzia dans les tribus voisines? Non, n'est-ce pas? Alors, ayons un moyen qui les force à garder pour eux leurs goûts de rapine et d'assassinat. Quelques chiffres à ce sujet : l'an dernier, le *Moniteur de la justice* a relevé 1,753 crimes; sur ce nombre combien d'affaires arrêtées ou classées, et, en plus, que de crimes inconnus !

J'ajouterai que le peuple ne se plaint pas des colons ; nous leur donnons du travail, de l'argent, et à force, les intérêts étant mélangés, on se rapproche les uns des autres. Ce qui éloigne surtout les Arabes, c'est la justice avec ses trébuchets et les impôts. Que de fois ne m'est-il pas arrivé de rédiger des réclamations de pauvres diables, nos locataires ou de leurs amis, contre les cotes de leurs taxes. Ce sont ces répartiteurs, incapables ou trompés par les cheiks, tous ces agents en sous-ordre grevant atrocement la masse du peuple et effrontément, qui font douter de la France et de son équité. Pour la justice, je n'aurai qu'un mot à dire, une figure à donner.

Figurez-vous un juge anglais avec sa perruque, qui siégerait au Palais, à Paris, ne comprenant pas un mot de français. Les parties discutent, braillent, et l'interprète explique le cas. En Algérie, presque tous les interprètes sont Juifs et vous savez combien ces gens-là sont adroits pour vendre tout. A la sortie d'une audience de justice de paix, il est facile d'entendre souvent une partie des plaignants, furieux et désappointés, jurer : « Din ! Youddi ! »

Pourquoi les juges, moyennant une compensation, n'apprendraient-ils pas l'arabe : avons-nous besoin, nous colons, d'interprètes ?

Nous voudrions, aïnsi, que la France, pour se les attacher davantage, et alors nous les rendre moins hostiles, ait plus d'équité dans ses impôts, plus de justice dans sa justice ; nous voudrions maintenant que, vis-à-vis de nous, elle abandonne enfin son engouement pour cette race, dont les antécédents doivent mettre en garde contre ses vices invétérés, et même contre ses qualités, qui, sous un peuple pusillanime et inhabile, peuvent devenir très dangereuses ; nous souhaitons que la France soit éclairée, surtout quand ses sympathies généreuses, mais inintelligentes pour ces indigènes, corrompent la bonté de son cœur et provoquent pour nous, ses enfants, une antipathie, un dédain, aussi peu mérité, que dangereux pour l'avenir.

Telles sont nos récriminations envers l'Arabe, il y a loin de là à cette extermination pure et simple que l'on nous suppose désirer. Nous ne sommes point, vis-à-vis d'eux, des planteurs du genre de celui de Paul et Virginie, féroce, cruel, un rotin toujours à la main, menant ses hommes comme des bêtes. Nous peindre ainsi, comme ces planteurs exotiques et romanesques, est aussi faux que perfide. Nous ne demandons nullement le droit de vie et de mort, comme certains journalistes feignent de le croire. Sécurité pour nous, de la part de leurs bandits et de leurs passions de pillards, et moins d'empressement de la part de la France à les admirer aveuglément et à les rendre nos égaux.

Si nous les craignons ainsi, si nous nous tenons en garde vis-à-vis d'eux, c'est que nous savons le fond du cœur de la masse. Sans nous méprendre sur quelques individus, nos alliés, nous avons peur que la généralité aveugle n'arrête les progrès commencés, et que les Arabes, devenus insolents, en face de notre pouvoir méprisé, ne deviennent ouvertement hostiles.

Maintenant, ne faut-il pas attribuer cette méfiance, cette aversion, de la masse, aux fautes politiques commises par la France ?

Même les meilleurs, parmi eux, gardent par fanatisme, au fond de leur cœur, une arrière-pensée de méfiance et de révolte de leur orgueil, et de leur incroyable prétention de supériorité. Ostensiblement, ils paraissent soumis, emploient leurs belles qualités à orner nos fêtes et même à défendre notre drapeau ; ce sont des chevaux bien dressés ; ils font parfaitement les courbettes devant les chefs ; mais pour nous, qui les connaissons intimement, comme le cavalier connaît son cheval, nous les sentons encore frémir.

Il importe qu'ils arrivent à aimer leurs cavaliers, pour leurs bons soins et qu'ils les sentent bien solides en selle, et bien les maîtres. Pendant longtemps, ce ne seront que des alliés et des alliés douteux, pour le plus grand nombre, indignes du droit de citoyen. Pour qu'ils l'obtiennent, il faut d'abord qu'ils le désirent, se montrent soumis et toujours capables d'obéir.

IV

Lavés, je l'espère bien, de tout soupçon comme ivrognes, mercantis et mangeurs d'Arabes, ne sommes-nous pas dignes de l'estime des Français ? Sommes-nous bien les fils de la grande fille de la France, ou sommes-nous pour mériter le dédain de la Mère-Patrie, des dégénérés, des vicieux, des bâtards ?

Pourquoi avez-vous quitté la France ? riposte le bourgeois, dont le père a fait fortune, et qui se trouve fort bien vivre à Passy, ou à Meaux. Les philosophes, les politiques, les économistes, déplorent souvent devant l'empire immense de l'Angleterre, la ténacité peureuse du Français à vouloir rester à traîner sur le pavé de sa ville, à souffrir de la faim autour de son clocher, rivé au sol du pays. Il est dur de quitter ses amis, son pays; mais aussi quels dangers, quelles difficultés ne devrait-il pas oser affronter résolument, en partant avec la ferme, espérance de gagner à sa famille un coin de cette terre où poussent si bien le plus beau blé du monde et des vignes qui donnent un vin de feu ! Parti pour l'Afrique, un climat difficile l'attend, des gens inconnus, une vie tout autre que celle de son pays, et l'embarras, la peur des difficultés. Il lui faudra désormais ne plus compter que sur lui, une initiative rapide, une prévoyance de chaque minute qui le mette toujours en garde contre tous ceux qui l'approcheront, ou dont les intérêts seront lésés par son intelligence et son énergie. Mais il a l'expectative de devenir son maître, de vivre de son travail.

Avec un peu de courage pour partir, avec de la conduite, la réussite est certaine. Quel puissant ressort pour le pousser à quitter son village !

Il y a les mercantis ; mais, qui a fait les mercantis, si ce n'est le vice de l'armée et le «grand fourbi»; les chefs d'autrefois, omnipotents, et faisant, au détriment du Trésor, des marchés honteux ? Qui était le plus coupable, de l'intendant qui signait le marché ou de l'Algérien?

Aujourd'hui, le mercanti suivant l'armée a disparu ; un dernier échantillon s'est montré en Tunisie ; mais au moins, dans cette corporation malpropre, les Français, inférieurs, ont dû céder la place aux Juifs ; témoin, cet admirable Isaac S., la veille couvert de dettes, et, aujourd'hui, trois fois millionnaire.

Parmi nous, les vrais colons, il n'y a pas plus de mercantis que de buveurs d'absinthe ; et il ne peut pas y en avoir. Le mercanti fait sa fortune au galop et presque sans travail ; c'est en travaillant nos terres sans relâche, que nous les défrichons, les nettoyons et les plantons.

Ainsi, c'est une faiblesse, au point de vue politique, de la part de la race française, que de ne pas assez s'étendre dans les colonies, et, au point de vue du monde et des bourgeois, quitter la France est une tare. Cependant, si quitter son pays montre une originalité quelconque, un besoin de partir, parce que votre esprit est hanté d'idées étranges et de besoins, que votre fortune ne peut satisfaire dans votre ville natale, ne peut-on pas reconnaître que cette exode est généralement favorable, et que ceux qui ont eu le courage de quitter leur clocher en sont revenus plus forts et plus grands ; artistes ou laboureurs ?

Est-ce en France que Bernardin de Saint-Pierre a trouvé les motifs et le cadre admirable d'un des chefs-d'œuvre de l'esprit humain, malgré la fin absurde, de Paul et Virginie ? N'est-ce pas au fond de l'Amérique, que Chateaubriand a trouvé ce nouveau mode d'harmonie et de pensées, prélude du romantisme ? C'est encore, aujourd'hui, Pierre Loti rapportant dans le roman un autre genre : le coloris du style d'après nature. C'est en peinture, Delacroix prenant à Alger un de ses plus beaux chefs-d'œuvre, le plus complet peut-être : ses *Femmes d'Alger*. C'est Fromentin, Vernet, Decamps, Regnault, Guillaumet, qui ont trouvé en Afrique la gloire.

Le peintre, le penseur trouve sa fortune au delà des mers, comme le marchand, le planteur et même l'employé. Chacun y acquiert d'autres sujets d'étude, d'autres occupations, une puissance de vue et de volonté plus grande que celle nécessaire dans le train de vie régulier de la Patrie.

En France, en effet, la majorité des gens est généralement coulée dans des moules fixes : médecins, avocats, bourgeois, magistrats, militaires, etc., tous ont, avec leur corporation, leur esprit de caste, à l'exemple du rentier qui ne voit que ses amis et n'a d'autre opinion que celle de son journal, partageant les haines et les enthousiames de son « çof ».

Chacun est donc coulé pour ses manières, son air, ses pensées, dans tel moule, après avoir passé par le laminoir du bachot, et tout en se posant en indépendant, en sceptique de fin de siècle, jamais l'homme n'a été si esclave dans ses pensées, dans ses affections, dans ses opinions ; jamais tant de chaînes ne l'ont rivé; il est emporté par la force centrifuge du journalisme du jour, autour d'un homme, d'une opinion. Impossible d'avoir une individualité, vous êtes entraîné, enlevé; seuls, quelques rares artistes prèfèrent rester à l'écart, regarder et penser.

Quittez votre ville, vos relations, abandonnez votre pays; alors, loin de toute influence, vous deviendrez plus vous-même; promptement, vous serez écrasé si vous êtes sans force et sans courage, comme vous gagnerez vite de la puissance et de l'individualité, si vous pouvez lutter, livré ainsi à vos propres ressources.

Les gens qui sont sortis de la France ont développé leur intelligence et leurs forces. Témoin les créoles. N'a-t-on pas remarqué combien les créoles, à Paris, réussissaient, et combien se rencontraient parmi eux d'hommes supérieurs. Les femmes semblent, à ces Français descendants des vieux émigrants partis aux siècles passés, avoir sous les tropiques gagné une beauté idéale qu'ont assez célébrée Lamartine et George Sand. La Martinique a fourni presque en même temps une sultane à Constantinople et une impératrice à l'Europe. Les hommes, rompus tout jeunes au commandement, à l'initiative, à toutes les fougues de l'ambition, se sont toujours montrés aussi entreprenants qu'habiles, fournissant aussi leur contingent d'artistes.

De ces fils-là, dont les pères avaient quitté le sol natal autrefois, la France est fière; pourquoi ne le serait-elle pas aujourd'hui des Algériens? Le colon comme le matelot, porte avec lui, en dehors des rivages du pays, le drapeau, le génie de sa Patrie. Pourquoi ne mérite-t-il pas aussi, la même estime, et n'excite-t-il pas la même sympathie? Dans l'armée, il y a les zéphirs, les mauvaises têtes, il y a aussi les mauvais colons, mais l'ensemble est bon et digne de la fierté de la Patrie; les Algériens méritent bien de la civilisation; sur cette terre barbare ils en sont les pionniers; et, armée envahissante, les colons s'avancent, la pioche et la charrue en main, conquérir l'Afrique : chaque champ défriché, qu'on ne l'oublie pas, chaque arbre planté, c'est le sol de la France qui s'agrandit, et s'enrichit.

Leur œuvre est déjà superbe, elle peut et doit devenir grandiose. Ils ont bien mérité de la Patrie, c'est à elle de leur témoigner sa sympathie, de s'inquiéter de leurs affaires, de leurs besoins, de leurs opinions; et alors, malgré la haine ou la jalousie des peuples, l'Afrique du Nord deviendra une nouvelle France; il n'y aura plus de Méditerranée.

V

Pour mieux vous les faire connaître, ces Algériens, ces colons, je vais vous présenter mes trois voisins. Je ne trie donc pas mes modèles. Ce sont des types, si vous le voulez; mais s'ils étaient restés dans le troupeau commun, s'ils avaient suivi la marche dans les sentiers battus et rebattus de leurs camarades, les terres qu'ils exploitent aujourd'hui seraient encore en friche et j'estime, ainsi qu'About, que tout homme qui plante, travaille pour son pays.

Au fond d'une cuvette, entre de grandes collines dénudées, au milieu d'un vaste jardin de figuiers, loin de la route, sans voisins à plusieurs kilomètres à la ronde, s'élève une grande maison blanche, bâtie et possédée autrefois par un caïd, mort ruiné. C'est là qu'habite mon ami et voisin Édouard.

A la suite d'une frasque de jeunesse, alors qu'il était à Paris, il demanda sa dot à ses parents, pour entrer dans une combinaison industrielle. Son père s'empressa de refuser; mais il lui dit : « J'ai encore acheté des terres en Algérie; mes locataires indigènes me paient assez mal; pars fonder une propriété : je t'abandonne deux cents hectares. » Édouard était né en Afrique, où son père avait été employé; bien jeune, il avait quitté ce pays, mais ses souvenirs lui tenaient au cœur. La proposition fut acceptée; il quitta Paris et arriva.

Etranger à tout ce qui concerne l'agriculture, surtout l'agriculture en Algérie, où l'on est obligé de créer, de faire soi-même son expérience, de dresser ses gens comme ses bêtes, ses premières années furent dures, très dures. Sans proches voisins, tout seul dans son bordj, avec un domestique européen et ses Arabes, quelles heures d'amère tristesse, d'inquiétude et d'ennui ne passait-il pas! Que de querelles, que de nuits sans sommeil! Il a été incendié cinq fois et volé je ne sais combien. Une nuit, un trou énorme fut fait dans son mur; les bandits pénétrèrent dans une salle du rez-de-chaussée et la pillèrent. S'il s'était réveillé, il eût été tué infailliblement. Sous sa fenêtre, autour de sa porte, des assassins bien armés le guettaient. Ah! ce n'est pas précisément une vie de continuels plaisirs que l'on mène, quand on se fait colon! Pour oublier et surmonter tous ces tracas, il avait le courage que donne une volonté énergique, l'ambition d'une œuvre grande, surtout la vue de tous les jours, du progrès accompli.

Dans toutes ces terres autrefois stériles, où seulement les moutons et les chèvres pacageaient, il voyait dans les chemins qu'il avait tracés, des chariots lourds descendre, chargés de blé. Sur les crètes des collines, où l'on chassait difficilement à son arrivée, tant les chardons et les épines étaient forts, des charrues fixes, tirées par douze bœufs, défonçaient le sol et promettaient de riches moissons. Le long d'un versant exposé au nord, à l'abri du sirocco, peu éloigné de sa maison, dans un terrain siliceux et friable, une grande bande verte s'étendait et formait le commencement d'un beau clos de vigne. Enfin, au milieu de ses champs au repos, des troupeaux de bœufs et de moutons paissaient, s'engraissaient.

Quand j'allais le voir, après nous être plaints mutuellement de nos déboires, de nos angoisses, devant un état de choses inquiétant pour l'avenir, nous regardions autour de nous pour trouver du renfort à notre courage, des indices d'espérance.

Et, autour de nous s'étendaient de grands champs de blés. Les blés durs, aux épis garnis de longues barbes, apparaissaient d'un vert d'émeraude, pour les feuilles, surmonté d'une teinte plus pâle donnée par la nuance plus blanche des épis velus. Les blés tendres, les tuzelles azurées, semblables aux flots de la mer, comme eux, sous la brise violente, ondulaient, s'emplissaient de vagues. Les vignes aux feuillages verts, mouchetés des blancs de l'envers des feuilles retournées par le vent, des rouges des pampres touchés par le sirocco, couvraient le sol de leur luxuriante végétation.

En contemplant tout cela, il me frappait sur l'épaule et me disait avec une fierté bien naturelle : « Des ennuis, oh ! oui, nous en avons ; mais quel résultat aussi que le nôtre ; ah ! messieurs les ronds-de-cuir de l'administration, les bons amis des villes, de Paris, qui nous appellent colons marécageux, en ferez-vous jamais autant? »

Celui-là peut être fier : avant ses vingt ans, il avait, avant de venir en Algérie, fait son devoir. La guerre était dans son plein, la déroute partout, la terreur dans toutes les familles qui avaient des leurs à l'armée. Il quitte ses parents, emporté par le patriotisme, s'engage et fait la campagne de la Loire et du Mans. Devenu colon algérien, il a montré tout d'abord le même courage pour affronter et combattre la mauvaise fortune ; mais son énergie l'a domptée. Et aujourd'hui, le voilà grand propriétaire, marié, père de plusieurs enfants qui, un jour, seront à la tête d'un domaine d'un millier d'hectares.

Voilà un colon, qu'en pensez-vous ? Certainement de bons bourgeois pourraient objecter : « S'il n'avait pas été si tête brûlée! » Oui, certes, on pouvait en dire autant à son sujet en 1871. Alors, il s'est montré patriote et courageux, et pour devenir colon en Afrique, il faut, et du courage et de l'enthousiasme.

En voici un autre, d'un genre différent. Grand, élancé, mis avec recherche, il rappelle Henri de la Rochejaquelein, mais bronzé. En dehors de chez lui, son teint, brûlé par le soleil, le fait seul prendre pour un colon. Lui, c'est un dilettante. A le voir, il paraît un clubman des villes ; à l'entendre causer, il semble un heureux habitant de Montmartre, la nouvelle Athènes. Sa bibliothèque est des mieux garnies, surtout de classiques. Parfois, les jours de pluie, quand tous ses ouvriers sont sans ouvrage, on le trouve dans sa cave, près de ses grands foudres, l'ébauchoir à la main. Maintenant si frappé de sa mise élégante, en dehors de chez lui, vous venez le surprendre dans ses écuries, vous l'entendrez, de loin, jurer comme un abominable charretier.

Son père, ancien officier supérieur de chasseurs d'Afrique, avait acheté une propriété, pour une somme bien petite, au malheureux concessionnaire français, ruiné, mourant. Il s'y était retiré pour y vivre économiquement. Au service de la France, comme à celui de l'Autriche, le militaire ne devient pas riche. Il était venu aussi à la campagne, pour pouvoir satisfaire encore ses goûts d'homme de cheval. Son fils, après ses premières études dans les collèges d'Afrique, avait fini ses classes en France. Tout ce temps lui parut un long exil ; son soleil lui manquait.

Après avoir échoué à Polytechnique, il signifia à son père son intention bien arrêtée de retourner en Afrique et d'y être colon. Son père qui connaissait les difficultés du métier, qui savait aussi le peu de considération que ce titre, dans la famille, amènerait sur son fils, fit tous ses efforts pour l'en empêcher. Rien n'y fit. Voici un trait de lui qui le peint tout entier.

La première année, il le faisait un peu à la française, en amateur. Un dimanche, de très bon matin, le boulanger du village lui avait écrit pour avoir le soir, pour sa fournée, un chariot de fagots. Dans la matinée, il fait charger et placer le chariot devant la maison, prêt à être conduit après le déjeuner.

Vers deux heures, *une armée* [1] qu'il avait comme charretier et à qui il avait donné l'ordre de préparer l'équipage pour aller au village, attelle et va partir. Mon ami, avant son départ, jette au chariot le coup d'œil du maître. Il n'aperçoit pas la corde de la mécanique.

— Où est la corde? demande-t-il.

— Certainement que je ne l'ai pas bue !

— Pour sûr; aussi je vous allonge deux francs d'amende.

— Ah ! tralala ! donnez-moi mon compte, et voici le fouet.

Aussitôt il règle l'individu et reste le fouet en main. Il n'y avait pas à remettre le départ de la voiture ; le boulanger attendait ; et, plus un seul garçon, pas un charretier de resté à la ferme : tous étaient partis au

[1] Ouvrier voyageur.

village. Il n'hésita pas, et, passant son fusil à un Arabe qui l'accompagnait, il fit claquer le fouet, et conduisit.

Depuis, il est devenu, au dire de ses domestiques eux-mêmes, un des premiers charretiers du pays.

En cinq ans, il a planté vingt-cinq hectares de vignes; il défriche toujours et continue à planter tous les ans. D'une propriété de chasse et de pacage, avant son arrivée, il en a fait une des plus belles des environs.

Maintenant, après avoir vu le clubman dehors, voyez-le dans ses champs : vous lui trouverez un air de bandit; toujours mis alors en évadé, souvent sans chapeau, même l'été, semblant ainsi braver le soleil même. A moins qu'on ne l'examine, et qu'à son regard ou à son commandement on ne le devine, ce n'est certes pas à lui que vous adresseriez la parole comme au patron. Mais voyez-le, chez lui, assis sur un divan, où il vous montre de fort belles toiles, des cartons garnis de dessins de ses amis de Paris, et vous croirez avoir quitté l'Afrique, et causer dans quelque atelier du boulevard de Clichy. Ainsi que je vous l'ai dit, lui, c'est un dilettante.

Il a été incendié deux fois, volé quatre ou cinq fois; une nuit, en rentrant tard chez lui, un Arabe lui a tiré un coup de pistolet. L'enthousiasme pour l'Orient, joint aussi à une force d'énergie et de caractère qu'il sentait ne pas pouvoir user dans une carrière de bureaucrate, l'ont rendu colon.

Au troisième ! — C'est encore un de mes voisins ; je vous ai promis de ne pas choisir. Il est tout jeune ; mais c'est bien le type du fils du petit colon, devenu grand propriétaire.

Il y a trente ans, son père débarquait comme simple ouvrier, avec 50 francs dans sa poche. Grâce à son travail et surtout à sa bonne conduite, il put s'associer avec un colon chez qui il travaillait. Puis, il devint gérant d'une grande ferme, et finit par louer une propriété. Son ordre, joint à son intelligence pour acheter et vendre, lui firent assez rapidement mettre de côté de belles sommes, avec lesquelles il acheta une grande ferme délaissée et qui avait déjà ruiné plusieurs propriétaires, qui ne la faisaient pas valoir eux-mêmes.

En quelques années, elle change, devient riche. Il a dépensé plus de cent mille francs et y a déjà planté cinquante hectares de vignes. Dernièrement il s'est rendu acquéreur d'une nouvelle propriété qui touche la mienne, et que son fils dirige.

Lui, a été élevé sur les mêmes bancs que les fils des préfets. Revenu du collège, il a aidé son père à mener les deux propriétés. Il est son mécanicien, son chimiste, son interprète. Voilà un vrai type d'Algérien, de colon, fils d'un ancien petit colon qui a réussi. Le résultat est beau.

A côté de ces trois colons, il y en a bien d'autres qui leur ressemblent et forment le corps des grands colons, comparable à celui des officiers d'état-major. Mais derrière eux se presse la foule nombreuse des petits colons des villages. Déjà deux générations ont disparu, des premiers colons. Ils sont morts ceux-là, obscurément, sans fanfare guerrière et sans espoir de gloire, moins heureux que les soldats. Ils n'avaient pas à espérer ni d'Invalides ni de congé, et pourtant leur vie fut un continuel combat, et dont on ne leur a point tenu compte. Frappé à sa charrue, en défrichant la terre, par un coup de soleil, le colon ne tombait-il pas aussi au champ d'honneur ? De fils et de petits-fils de ces premiers venus disparus, toute une solide et infatigable population d'excellents colons est sortie, et se compte aujourd'hui.

Il en est aussi quelques-uns qui sont des dévoyés, des ratés, certainement ; mais ils disparaissent rapidement, s'en vont ailleurs ou à l'hôpital.

La vie algérienne est comme un crible très fortement agité et dont les mailles sont très larges. Pour ne pas y passer, il faut avoir une certaine circonférence et de l'estomac, de la tête surtout, pour ne pas s'étourdir dans les entreprises, dans les écarts de cette vie à outrance, où l'on tombe quelquefois dans l'orgie et les sottises, après ces laps de temps consacrés à la dure existence du travail incessant, du qui-vive continuel.

Il est bon nombre d'Algériens, croyez-moi, qui sont de galants hommes et valent bien des Français ; ils font, et ont fait ce que beaucoup ne feront jamais. Je vous disais : « Vous ne jugez pas Paris d'après les héros de Bruant, ni sur les fortifications, le lundi ; ne jugez pas non plus les Algériens, du haut de votre wagon, d'après les on-dit, l'opinion de gens qui ne les ont jamais étudiés ou qui les détestent. »

En un mot, avant de finir : s'il y a tant de filous en Algérie, à qui en est la faute ? Si ce n'est à ceux qui, au lieu de les frapper, s'entendent avec eux.

Abandonnez-vous vos anciennes appréhensions, vos répugnances et finirez-vous par croire enfin que les colons ne sont ni des mercantis ni des buveurs d'absinthe ?

Ne sentez-vous pas, au contraire, que sur cette Algérie, s'élève une nouvelle race française, plus jeune et plus solide, sans idées rétrogrades, plus vigoureuse, retrempée par ce grand art des peuples forts : l'agriculture ? Les modèles en ont été les anciens Romains ; avant d'être les maîtres du monde, ce furent de rudes laboureurs et d'excellents colons.

En Afrique l'Algérie est le boulevard de la France ; c'est aussi certainement l'enjeu de la prochaine guerre. Les modernes Romains n'ont qu'à débarquer pour chercher sur cette Afrique les souvenirs de Zama. Nous n'aurons pas besoin d'Annibal, pour leur démontrer leur outrecuidance, et la différence à faire entre eux et les soldats de Scipion. Qu'ils débarquent, leur tombeau est prêt.

Contre eux, les Arabes seront pour nous ; ils les méprisent, les sachant pauvres ; ils ont à les redouter, les sachant affamés. Unis ensemble, nous et les Arabes, nous défions bien n'importe quelle puissance de s'emparer de ce pays. Nous avons pour nous, les forteresses inacessibles des montagnes, les grandes plaines, où le soleil se charge de combattre mieux que nous ; enfin, nous avons le désert, enclos immense et suprême, devant lequel toute armée, même victorieuse, frémira avant d'oser s'engager.

Enfin, en plus de toutes ces ressources du pays ou du climat, n'avons-nous pas notre courage, pour défendre nos biens et nos terres ? Ce n'est pas pour des phrases, ni emballés pour un homme, que nous nous battrons. A nos oreilles aussi, le terrible appel des soldats de Salamine retentira : « En avant ! Sauvez la Patrie, sauvez vos enfants, vos femmes ! Voici la lutte suprême ! » Nos intérêts seront mêlés avec ceux des Arabes ; du diable, alors, si nous ne fauchons pas tous les macaronis vantards et jaloux qui seront débarqués.

La France peut compter sur nous : pendant la paix, nous avons agrandi, par le travail, son territoire ; au moment des périls et des luttes de la guerre, nous défendrons ce boulevard de la Patrie ; nous le défendrons avec la rage et la ténacité de notre sang français, chauffé par ce soleil, dans notre existence si active. Nous n'aurons pas à craindre les traîtres, car, de concert avec les

Arabes, nous les supprimerons dès le commencement. Et alors, ce sera une lutte acharnée pour défendre notre sol, l'engraisser des cadavres des envahisseurs. S'il nous faut gagner nos éperons, nous les gagnerons. La France, après, oubliera toutes ses erreurs passées et pourra nous crier aussi : Je suis contente de vous !

VI

Toujours à pied, sur la route blanche, pour remonter à Constantine, les trois amis parvinrent au bord du Ravin qui entoure la ville de son gouffre étroit, empli d'un bruit sinistre, et sépare au sud et à l'est, le rocher sur lequel elle s'élève, du massif de Mansourah.

En face de la route, de l'autre côté du Ravin, l'on distinguait le bas quartier arabe, bien éclairé, avec ses rues étroites, rapides, aux maisons blanches, descendant jusqu'au bord du gouffre. Elle est saisissante à voir ainsi, cette ville qui s'endort tranquille, allongée sur un précipice.

A l'Orient, derrière le massif des montagnes de Djebel-Ouach dont le Mansourah est un contrefort abaissé, le ciel depuis quelques instants s'empourprait comme sous l'effet d'un vaste incendie. Les crêtes de ces montagnes s'emplirent de lueurs rougeâtres et complétèrent la sinistre illusion. Bientôt toutes les lueurs n'en formèrent qu'une seule, dont les reflets descendaient sur le revers, en deçà des montagnes, éclairer des massifs de calcaire blanc et les flèches d'étain brillant des dômes de l'hôpital s'élevant en face de la ville, sur le bord du Ravin. Cette lueur s'agrandissait toujours et donnait l'effroi. L'embrasement entier de ce massif de montagnes boisées semblait imminent. Tout à coup, au milieu de cette fournaise géante, pareille à un globe de feu, à une pièce d'acier sortant des fourneaux, la lune, dans toute la splendeur de sa quatorzième nuit, monta vers le ciel, et inonda la terre de lumière.

C'est surtout à ce spectacle que le Français s'aperçoit en Algérie qu'il a quitté l'Europe et qu'il marche sur un tout autre continent, sous un ciel différent.

Revenus en ville, devant leur hôtel, les touristes s'étaient arrêtés, mais n'avaient nulle envie d'aller se coucher. Devenus plus curieux que lors de leur arrivée, ils regardaient tout autour d'eux. Le sculpteur au bout de quelques instants, après avoir longuement considéré la rue et les maisons, se mit à dire :

« Ce matin, en arrivant, tout ce que je voyais, je ne le regardais qu'en simple curieux qui considère un décor. Maintenant j'examine toutes ces maisons d'un autre œil. Entre leurs murs vivent des gens que nous ignorions ce matin, qui nous étaient indifférents, voire même antipathiques. Mais maintenant nous aimons leur caractère et admirons leurs travaux. Nos sympathies leur sont acquises

— Parfait, ajouta l'ingénieur, vos sentiments sont aussi les miens. L'Algérien n'est plus désormais un étranger ; il nous attire au contraire et nous sommes curieux de mieux connaître sa vie, ses besoins et même ses haines.

— Je voudrais bien en voir aussi les beautés.

— Rien n'est plns facile ; partons reconnaître quelques cafés tenus par des Mauresques.

VII

Derrière le marché s'étend une petite place sombre et silencieuse. Au fond, entre deux maisons, il y a un étranglement si étroit qu'on est obligé d'y passer à la file. Toute une foule s'y porte sans cesse. Ceux qui descendent, vont vite ; ceux qui en remontent, marchent doucement, en chantant, l'air satisfait.

Dans ce passage à droite, au-dessus de la tête des passants, un grand réverbère aux verres noircis, au milieu desquels éclate un chiffre de couleur, s'avance. Et au milieu du ciel, ce chiffre rouge, énorme et cabalistique, apparaît entouré d'étoiles.

Après avoir passé cet estuaire, véritable détroit de Messine d'où les passants vont tomber de Charybde dans Scylla, s'ouvre une rue de maisons blanches, assez large, pleine de bruit et de lumières. Au-dessus de chaque porte, à plusieurs lucarnes, il y a une lanterne blanche.

Devant les portes les hommes s'arrêtent, regardent et

discutent. A l'intérieur, sur les marches de l'escalier qui descend à la petite porte, plusieurs femmes indigènes sont étagées.

Souvent les passants les examinent sans rien dire. Les femmes de leur côté, devant les étrangers, causent entre elles et regardent. Elles sont habillées de leurs gandouras de soie rouge, verte ou bleue ; quelquefois elles ont encore leur haïck de soie blanche. Leurs figures sont maquillées, les pommettes avivées de rouge; sous le kohl des paupières, l'émail de l'œil et le noir de la pupille brillent d'un éclat métallique. Des foulards de soie multicolores entourent leurs têtes. De gros bracelets d'or ou d'argent ornent leurs bras.

Dans la nudité des murs, simplement blanchis à la chaux, cette richesse de parure, cet éclat de couleurs forment un contraste bizarre.

Les touristes, en suivant la rue qui descend très raide, s'arrêtaient aux guichets et examinaient ces femmes assises auprès des portes, laissant venir le client sans l'attirer trop, surtout quand elles sont jolies.

Le colon seul, pour distraire ses amis, rompait leur impassibilité, en leur parlant. Et, une d'elles, au reçu d'une invective trop forte, bondit tout à coup, sauta sur la porte épaisse, l'ouvrit, sortit sur le seuil, et, devant toute la rue, lui montrant le poing menaçant, cria à l'Algérien : « Y a Chitan ! y a Kaouwed ! » (Démon, Alphonse!)

Devant toutes les maisons de cette rue, c'étaient les mêmes tableaux : aux portes des groupes d'hommes examinaient ou causaient au guichet, le dos courbé, le cou tendu.

C'étaient des Arabes en burnous blancs, des militaires en uniforme, quelques ouvriers ; mais il était rare de voir des Européens s'adresser à des Mauresques.

Au bas de cette rue se trouve la porte Djébia ; d'autres rues après descendent encore ; seulement ici les lumières deviennent moins nombreuses ; le bruit diminue ; c'est le bas du bas quartier qui commence. Là, sont les femmes pour les indigènes du dehors, les bédouines, les négresses.

Revenu vers le haut, non loin de l'énorme chiffre rouge, les trois amis s'arrêtèrent devant la porte arabe d'une maison où le colon avait en passant annoncé leur visite. Avant d'entrer, ils purent voir, dans une rue voisine, des lumières multicolores ; ils entendirent un grand bruit de jurons, d'insultes, de sabres traînés, tout un tapages d'ivrognes ; là sont les Européennes.

Le gros verrou de bois glissa, les gonds de la lourde porte s'émurent ; ils entrèrent en baissant la tête, et descendirent une marche de pierre. Entre la porte et la cour s'étend un corridor assez large et peu long. A gauche, sur un large banc de pierre, tenant toute la longueur, couvert de tapis ou de nattes, plusieurs Mauresques sont assises.

Les visiteurs entrés, le verrou de bois est replacé, le volet de fer ferme le guichet, et presque toutes les femmes se lèvent.

Le vestibule mène à la cour carrée, aux dalles de marbre, entourée de colonnes légères soutenant les galeries. Les femmes conduisirent les visiteurs dans une chambre du rez-de-chaussée, à gauche de cette cour. Il y avait alors une Mauresque qui causait avec un zouave. Il devait lui raconter une histoire drôle ; car elle éclatait d'un rire vibrant, le corps plié, en se frappant les mains sur les cuisses.

Avant de pénétrer dans la chambre, une des femmes appela sur un ton traînard plusieurs fois : « Oreï-da ! Oreï-da ! » Sans doute une retardataire. Une voix d'enfant lui répondit. Puis, à la galerie supérieure, une petite tête, autour de laquelle ses bras ajustaient un foulard, se distingua ; et l'Algérien échangea avec elle de longs salamalecs.

La chambre dans laquelle sont entrés les voyageurs est plus longue que large, simplement blanchie à la chaux. De chaque côté sont les alcôves. Dans l'une, fermée par deux grands rideaux, est le lit, composé de simples matelas ; dans l'autre, deux grandes caisses vertes avec des fermoirs de fer peints en noir et des bandes de fer-blanc placées aux côtés. Entre ces caisses s'allonge le grand bassin de cuivre rouge des ablutions.

Le premier aspect de cette chambre est gai ; on y sent surtout une extrême propreté.

En face de la porte, une grande glace française descend presque jusqu'au-dessus des coussins, semblables à des traversins allongés le long des murs, qui invitent les visiteurs à s'y asseoir ou à s'y accouder. De chaque côté de la glace, une étagère décorée d'arabesques et de filets d'or, est appliquée.

Les rideaux qui ferment l'alcôve sont l'un, de simple cotonnade blanche, l'autre de mousseline semée de petites fleurs de diverses couleurs. Tous les deux sont soutenus par une simple ficelle.

Devant la porte en bois de cèdre, très simplement rabotée, un grand rideau de cotonnade rouge forme portière.

Le sol blanchi à la chaux, ainsi que les murs, est presque entièrement recouvert d'un natte d'alfa, sur laquelle deux beaux tapis indigènes, d'une laine très épaisse, de grandeur inégale, sont étendus.

Au milieu de la chambre est posée une petite table très basse ornée à l'arabe. Elle supporte deux vases bleus qui ont chacun un bouquet : l'un de roses et de jasmin, l'autre de zirlilys — narcisses jaunes d'Afrique ; — un parfum pénétrant s'en dégage.

Une vieille vient y placer un plateau garni de tasses de café et d'autant de petites cafetières. Les Mauresques servent le café, le sucrent et distribuent les tasses à leurs voisins, après y avoir goûté.

Plusieurs de ces femmes sont fort jolies, petites et trapues; leurs yeux, leurs bouches, leurs dents sont remarquables. Elles parlent assez bien le français et répondent avec amabilité à toutes les questions de leurs visiteurs curieux.

L'artiste était surtout enchanté ; il souhaitait pouvoir emporter un costume complet de Mauresque et même — un modèle. Car il sentait, sous la gandoura de sa voisine, un corps original et d'excellente facture.

— Combien vendrais-tu tout ton habillement ? lui demanda-t-il.

— Après avoir bien calculé, elle répondit : « 2,800 fr. », et elle détailla, en les montrant, tous ses effets. Sur la peau, elle a d'abord sa camidja, chemise blanche et large de coton fin ; par-dessus une sousty, gandoura de laine légère de couleur et à ramages ; puis une gandoura de soie violette, enfin sa medebhi, autre gandoura de soie, mais lamée d'or. La taille, le haut du torse, la gorge, sont pris dans un caftan, corselet de velours noir brodé d'or ; sa ceinture est de velours aussi et brodée d'or. Autour de sa tête, serrant les cheveux, maintenant sa petite mitre conique de velours grenat, deux grands foulards de soie rouge et bleue, avec des fils d'or, de grandes franges noires, s'enroulent.

En fait de bijoux, elle a de grandes boucles d'oreilles, mais qu'elle ne met pas tous les jours, un collier d'or, des bagues françaises, des anneaux d'or ou d'argent massif au poignet, au gras du bras et aux chevilles.

Les Mauresques de Constantine ne portent pas de ridicule pantalon, à l'exemple des femmes d'Alger; aussi sont-elles beaucoup plus élégantes.

Pendant qu'ils causaient, Français et Mauresques, en buvant leur excellent café, la porte de la chambre s'ouvrit, et la Mauresque que l'on avait vu en entrant causer si joyeusement avec un zouave, s'annonça. « Bonsoir! dit-elle, bonsoir! la société. » En s'avançant vers l'Algérien, elle lui tendit la main et lui prodigua de longs saluts en arabe, après lui avoir dit en français : « Là ! que je suis heureuse de revoir mon capitaine ! »

A son arrivée, tous les yeux s'étaient tournés de son côté. Elle était très bien faite et jolie malgré des yeux petits comparativement à ceux de ses compagnes. Mais l'esprit et les oreilles des visiteurs furent fort surpris de l'entendre si bien s'exprimer, et avec un accent de Montmartre très prononcé.

C'était une kabyle de Bougie. Un procureur de la République l'avait distinguée toute jeune; puis les zouaves l'avaient perfectionnée.

La petite retardataire, qui avait paru sur la galerie d'en haut, était arrivée quelques instants après l'entrée des étrangers. Aussitôt elle s'était élancée vers le colon, les bras à son cou, les lèvres entr'ouvertes et tendues. Si elle était en retard, on devinait que c'était pour avoir voulu se faire belle pour quelqu'un à qui elle voulait plaire.

En s'asseyant, elle s'était mise tout près de l'Algérien, blottie dans son épaule; elle avait passé sur son bras ses deux petits bras nus et croisé ses petites mains. Sans rien dire, avec grand plaisir, elle le regardait de ses grands yeux câlins.

La nouvelle arrivée, Orida — bouton de rose, — la voyant ainsi auprès du colon, lui dit : « Hein ? la petite, elle t'est toujours fidèle ; que de fois elle nous parle de toi ! »

La petite lui sourit, se rapprocha encore de son voisin, serra ses petites mains contre son bras, bien contente ; et, ouvrant ses yeux amoureux sur lui, elle le fixait avec feu et avec plus de langueur.

Orida alla s'asseoir auprès de l'ingénieur et, en bonne fille, se montra de suite souriante et aimable. Le colon s'en apercevant, lui dit : « Balek, oua Youddy ! » Et aussitôt, ainsi qu'une chatte qui serait tombée devant un paquet de boue, ou en face d'un reptile, elle se recula, les traits contractés par la colère et l'horreur.

L'ingénieur fut de suite frappé de ce dégoût, non dissimulé, de sa voisine. « Pourquoi t'en vas-tu ? » lui dit-il ?

Un silence glacial se fit dans toute la chambre ; toutes les femmes le dévisageaient et, de temps en temps, regardaient le colon.

Les paroles qu'il avait adressées à Orida avaient donc une bien grande puissance pour provoquer un effet si rapide et si caractéristique ? L'ingénieur était fort embarrassé. L'Algérien, en éclatant de rire, lui dit : « Je vous ai fait prendre pour un Juif! » Puis, il assura Orida de la qualité de vrai Français de son compagnon et la pria de reprendre sa place. Elle revint ; mais désormais incapable d'être aimable, glacée par cet atroce soupçon. Puis, s'asseyant près de son voisin : « Si vous étiez vraiment un Juif, vous auriez affaire à moi, pour avoir eu le toupet d'entrer ici ! »

— Pourquoi? Les Juifs sont comme les autres hommes...

A cette assertion, un étranglement de colère saisit la Mauresque. Ses yeux flamboyèrent; une révolte de tout son sang secouait sa poitrine. Elle se contint pourtant, mais pour se soulager, elle lâcha une bordée de jurons français, puis cracha sur le tapis.

Toutes les femmes l'avaient imitée. La petite Oreïda — petit bouton de rose — à ce nom de Juif, s'était redressée ; ses yeux noirs, si doux, si pleins de langueur tout à l'heure, sous ses sourcils abaissés, subitement, lancèrent des éclairs ; menaçant du poing l'ingénieur, elle s'écria : « Ina hal din el youd ! — Que les Juifs soient maudits ! »

Cependant, grâce au colon, promptement la gaieté revint complètement. Examinant la figure de son voisin, Orida, riant beaucoup, criait au colon : « Te souviens-tu? dis? la première fois que tu es venu avec ton ami le peintre de Paris? » Et prise à ce souvenir, étourdissant pour elle, par un rire nerveux, elle s'arrêta pour le laisser courir et sonner à volonté, dans sa belle gorge vibrante, de bruyants grelots.

Les autres femmes firent écho. Le colon fut pris à son tour; et bientôt, tous se regardant avec des yeux frisés de gaieté, humides de joyeuses larmes, ce fut quelques instants de longues et belles fusées de rire, entre les lèvres rouges et les rangées de perles des Mauresques.

Ses amis demandèrent au colon l'explication de cette gaieté; il la donna en leur disant : « L'an dernier, Ferjas, après son prix de Rome, débarqua ici et m'y retint huit jours. Cette ville l'enchantait et surtout ce quartier. « Mais c'est du Delacroix vivant! » me répétait-il sans cesse. Aussi tous les soirs étions-nous là, où nous sommes en ce moment. Nous y venions, nous y restions comme au Chat Noir ou à la Cigarette. Il devint bien vite l'ami de toutes ces femmes, que son enthousiasme pour leur parure, leurs yeux, amusait beaucoup. Sa première visite ici ne fut pourtant pas drôle...

Orida, toute pleine de ce souvenir, s'empressa de le rappeler : « Le capitaine, raconta-t-elle, était resté à causer avec la petite. Son ami était monté chez Aïcha. Tout à coup, un grand bruit retentit dans la maison. Aïcha furieuse, dans la cour criait qu'un Juif était ici et avait osé la toucher. Toutes les femmes sortent, dévisagent le Parisien qui, ne sachant pas un mot d'arabe, ne pouvait comprendre ce que tout cela voulait dire. Aïcha voulait lui lancer un fourneau à la tête ; elle appelait le capitaine pour lui demander raison de l'audace qu'il avait eue d'introduire chez nous un Juif. Le capitaine sortit et demanda des explications à son ami. Le peintre était circoncis; et Aïcha l'avait pris pour un Juif francisé »

— Jamais, lui demanda le sculpteur, tu n'accepterais un Juif?

— Jamais !

— Ça dépendrait peut-être du prix.

— Du prix ! j'ai refusé une fois quarante douros, vingt louis d'or. Jamais, vous dis-je, plutôt crever !

Et toutes les femmes l'applaudirent.

— Mais enfin,... pourtant !

A cette insistance, la Mauresque fut reprise de sa colère contenue tout à l'heure. Sa figure s'empourpra de nouveau. Le mépris et la fureur étincelèrent dans son regard, elle cria à ses voisins : «Ah! malheur ! oui, malheur! Vous autres Français, vous ne savez pas, et vous dites : Les Juifs sont des hommes comme les autres. Vous ne les connaissez pas! Ce ne sont pas des Algériens comme votre ami qui parleraient ainsi. La « prochaine » viendra, pour parler comme les zouaves : elle va venir promptement. Alors, que les Français laissent faire les Arabes. Rien qu'à coups de burnous, ils nettoieront tout le pays de ces sauterelles. Des citoyens français, eux! Ont-ils été se battre contre les Prussiens et les Chinois? Que quelqu'un vienne seulement nous faire signe, et nous sommes prêtes, nous simples femmes, à régler leur compte, ou à les faire sauver comme des lièvres! Je veux être la première à sauter sur ces usuriers, ces voleurs, ces corrupteurs, ces Giffa, malédiction de Dieu! »

La petite Oreïda, après cette tempête, quêtait de son voisin une caresse, afin de calmer et chasser sa pénible émotion.

L'aventure racontée par Orida leur remémorait, à tous les deux, un autre souvenir; ils se le rappelaient, et l'Algérien le conta à ses amis : « La première fois que nous vînmes avec Ferjas ici, cette petite Oreïda était entrée dans cette salle avec les autres femmes. Je ne l'avais guère remarquée, elle est si petite! Dans la conversation je vins à parler d'un récent voyage que j'avais fait chez mon frère qui est administrateur en Kabylie. J'avais nommé plusieurs endroits. En entendant l'un d'eux, la petite tout à coup s'approcha de moi et me dit avec émotion : « Tu connais tel endroit? Tu y as été? — Oui. — Oh! c'est mon pays! » Je saisis dans ses yeux une si grande mélancolie que je la fis asseoir près de moi. Ferjas s'étant retiré, la petite continua : « Et ton frère est le hakem? — Oui. — Voilà un homme! qu'il est juste, qu'il parle bien arabe, qu'il a une belle jument grise!

— Mais, lui dis-je, comment se fait-il que tu sois ici, toi si gentille, si jeune, et étrangère!

— La volonté de Dieu! et puis la puissance du diable

favorisant les Juifs maudits. Mon mari est marchand de burnous à Sidi-ben-t. Il m'a payée très cher, car je travaille très bien. Quelque temps après notre mariage, il a connu à Tazmalt un Juif. — Que Dieu le maudisse ! — Ce Juif lui a proposé de lui acheter trente burnous à 45 fr. C'était un très bon prix ; mon mari a accepté. Aussitôt, il s'est empressé d'acheter à nos voisins leurs burnous terminés, et il les a portés le jour de marché au Juif, qui n'a remis à mon mari que 275 fr. et un billet. Le lundi suivant, le Juif n'a pas reparu. Mon mari est alors promptement parti pour Bordj. Là, on lui a appris que, quelques jours avant, le Juif avait fermé sa porte — avait fait faillite.

Ceux qui nous avaient vendu leurs burnous réclamèrent leur argent ; pour les payer, j'ai vendu mes bijoux, sans que ce soit suffisant.

Mon mari alors a été trouver ton frère — que Dieu le comble de bénédictions ! — Après lui avoir exposé son affaire, ton frère lui a dit :

— Tu n'es pas aveugle ni maboul, tu connais bien les Juifs ; comment se fait-il que tu aies fait un pareil marché avec un d'eux ?

— Oui, j'ai eu tort ; mais, toi notre hakem, rends-moi justice.

— Peux-tu inviter ce Juif à venir un jour dans ton pays voir ton jardin de figuiers ? S'il y vient, conduis-le dans un coin pour lui montrer « comment les merles mangent les figues » — et seuls tous les deux, — tu as de bons bras, du courage? — Eh! bien, tu te paieras. C'est, mon pauvre ami, ta seule ressource.

— Mais tes livres! — la loi.

— Elle est contre toi.

Mon mari est revenu rempli de chagrin. Ses voisins impayés réclamaient très fort. Nos deux bourriquots ont été vendus. C'était encore bien insuffisant. Mon mari ne pouvait pas vendre son coin de terre ni ses figuiers! Alors, je suis partie, et afin de gagner de quoi payer ces dettes, je suis venue ici. Je suis bien triste, va! mes yeux se remplissent de larmes, toutes les fois que je m'examine et que je me rappelle mon pays! »

En sortant, les visiteurs firent tous leurs compliments aux Mauresques. La petite Oreïda s'approchait le plus qu'elle pouvait du colon. De ses fortes mains il la prit par la taille, et en l'enlevant, riait de sa petitesse et de sa légèreté à côté de sa taille d'athlète. Elle murmurait entre ses lèvres de bien douces paroles qui donnaient à sa bouche l'expression du sourire, ou la rendaient pareille à une fleur frémissante. Ses yeux en disaient encore davantage, et elle lui répétait entre ses derniers baisers : « Neub ! je te veux, je te désire, je t'aime ! reste, ou laisse-moi aller te retrouver! »

VIII

Rentrés à l'hôtel, réunis dans la chambre du colon, les amis causaient encore; ils revenaient, avec étonnement sur la surprise qu'ils avaient eue à la vue de la fureur des Mauresques, éclatée au seul soupçon de sentir un Juif près d'elles. Cette hostilité chez ces femmes leur était incompréhensible.

Les hétaïres musulmanes, leur expliqua-t-il, ne ressemblent pas aux malheureuses filles Elisa de nos maisons de débauche de l'Europe. Elles sont libres, et alors, elles ont leur amour-propre, leur honneur à elles, à garder, en conservant leur caractère, les coutumes, les sentiments intacts de leur naissance. Cette haine, qui vous étonne si fort chez elles, est celle de toute leur race. Si elles ne la gardaient pas, elles dérogeraient.

Ainsi, voici des femmes, selon le monde, les dernières au bas des derniers échelons de l'échelle sociale, des êtres sans aucun sens moral, qui se donnent pour de l'argent, et chez qui aucun sentiment généreux et fort ne paraît devoir trouver place, mais qui pourtant, à aucun prix, n'accepteront le contact d'un Juif! Comment qualifier, expliquer ces sentiments, cette haine, capables de rendre incorruptibles des filles qui se vendent?

Qui donc, mieux qu'elles, pouvait vous dire, vous montrer et vous faire sentir brutalement, ces haines naturelles si justifiées et gardées toujours vivaces parmi les peuples de l'Afrique, contre les Juifs, et que vous êtes loin de croire en France, si menaçantes?

Ces Mauresques sont pourtant des civilisées; ce sont des citadines. Pour nous, sans nous haïr, elles ne nous aiment guère, car, généralement, elles estiment les Français des incapables ou des imbéciles. Celles qui sympathisent le plus avec nous sont les Kabyles. Pourquoi? A cause du sang probablement, ce sont aussi des enfants de Japhet.

Dans toutes nos promenades d'aujourd'hui, tout ce que nous avons pu dire, ne forme que les prémisses d'un syllogisme. Le reste de notre voyage nous fournira les exemples, les preuves, avec lesquels il vous sera facile de tirer une conclusion.

La première chose qui frappe, c'est l'hostilité assez prononcée, même au dehors, entre les habitants de race différente de ce pays. L'Arabe nous a combattu pour se défendre contre nous. Il nous déteste en vaincu, en musulman surtout; mais il peut devenir notre allié, et notre ami. Il s'agit de savoir s'y prendre, en garantissant leurs intérêts, leur amour-propre, pour se les attacher, s'en faire respecter et considérer.

Il y a en Afrique quatre races bien distinctes. D'abord les Français, les vainqueurs; puis les Arabes et les Kabyles ; les uns anciens envahisseurs, les autres presque autochtones ; enfin il y a les Juifs.

Les Kabyles se rapprochent d'instinct ; les Arabes se rallieront selon leurs intérêts. Quant aux Juifs, haïs, méprisés par tous les autres peuples de l'Algérie, ils ont trouvé dans les Français des protecteurs, les outils de leur fortune.

Pour eux, il n'est pas besoin de chercher à se les assi miler. Ils se collent aux vainqueurs, prennent ses habits et même sa religion. A travers les siècles, au milieu des peuples les plus différents chez qui ils se sont placés, ils se sont pliés à leurs diverses coutumes pour entrer dans leur vie, mais ils sont toujours restés Juifs inassimilables. A travers tous les peuples, ils jouent le rôle de l'animal fourbe de la fable, semant la méfiance et la haine entre ses voisins afin d'en profiter. En Algérie, ils ont admirablement réussi. »

Comme autre cause de ce mépris général, l'Algérien s'appuyait sur leur immoralité profonde, sur leurs sentiments absolument opposés à tous ceux des autres hommes, lorsqu'il s'agit de l'argent. Devant de telles opi nions, les deux Français se récriaient, ce à quoi l'Algérien reprit : « Avez-vous lu le Talmud ? ce catéchisme des Juifs, aussi bien ici qu'à Paris, que dans le monde entier? Non, n'est-ce pas; une autre fois, je vous en ferai connaître quelques préceptes. Ce soir, minuit sonne, vous êtes, le bougeoir en main, prêts à vous coucher; je ne vous citerai qu'un simple exemple, mais que je vous garantis absolument vrai et même très connu.

Mon ami R., aujourd'hui à Paris, se trouvait à Oran il y a quelques années. Avec plusieurs Algériens qui venaient de vendre leurs récoltes, il avait organisé, pour fêter cette heureuse circonstance, une partie fine. Le fils d'un gros marchand juif, plusieurs fois millionnaire, leur condisciple au collège, se trouvait avec eux. Certains bons côtés de sa nature lui faisaient rechercher ses amis français. L'influence de la famille, des rabbins, qui plus tard l'accapareront, ne se faisait pas encore trop sentir en lui; en un mot, il n'était pas trop Juif.

Au beau milieu de leur fête, la porte du salon où ils se trouvaient s'ouvre, et le père du Juif apparaît.

Furieux de trouver son fils dans cette joyeuse compagnie, il l'accable aussitôt, en arabe, d'injures; il lui reproche avec force anathèmes de venir avec des — nazaréens — dépenser son argent; et, en réponse à l'argument que le jeune homme pouvait faire valoir en raison de ses vingt ans et de ses besoins d'amour, il lui cria : « *Heurteck fed dar ou bateul!* — N'as-tu pas ta sœur à la maison et pour rien ! »

IX

A sept heures et demie, le train d'El-Kantara partait, emportant nos touristes, qui saluèrent Constantine avec enthousiasme. De l'autre côté du ravin, qui ne s'aperçoit pas de la ligne ferrée, la ville basse, la ville arabe apparaissait bien, avec ses maisons, toutes blanchies à la chaux, ses toits de tuiles brunes, aux soupçons de teintes vertes, que donnent le temps humide et la vétusté, et ses rues étroites et toutes raides, aboutissant aux tanneries, dont les puits surplomblent l'abîme et auprès desquels on voit éclater les rouges des cuirs qui viennent d'être préparés.

Au-dessus, le quartier français avec ses maisons neuves, ses grands toits rouges, ses grandes fenêtres étincelantes aux rayons du soleil, dominé par les constructions militaires jaunies de la Kasba, se détachait sur le fond bleu du ciel.

Au bout de quinze minutes, Constantine reparaît encore, plus curieuse dans l'éloignement; elle est saluée une dernière fois, et, désormais, les voyageurs ne songent plus qu'au désert. Le pays que l'on traverse est triste, superbe comme dessin, admirable dans certains endroits pour ceux qui voudraient faire de la sépia, mais aride et désert. Des troupeaux de cigognes chassent, ou plutôt pèchent, près de la voie, dans les marais.

A El-Guerrah, il est neuf heures. Chacun se précipite au buffet, le pille contre argent comptant et remonte en wagon pour déjeuner.

— « Honneur aux œufs durs!

— « Vive le saucisson!

— « Tous nos compliments au vin blanc algérien!

— « C'est du Sauterne, ... du Médoc, ... du Grave!

— « Non, deux fois non, s'écrie le colon, c'est du pur rayon de soleil d'Afrique, mis en bouteille. »

Et la gaîté du compartiment, surchauffée par le petit vin africain, gagne bien vite tout le wagon. Aux Lacs, les environs sont fort fréquentés par les flamands. Chaque portière se garnit aussitôt de voyageurs.

— « Je demande à voir des flamands, dit l'un. »

— « Je suis Dijonnais, répond une grosse voix, d'une autre portière. »

A Batna, il est midi et demi, juste l'heure du café. Le train, dès lors, ne contient presque plus que des voyageurs pour Biskra; Aïn-Touta, les Tamarins, et encore d'autres stations passent rapidement.

Après les grandes plaines, que jusque-là le chemin de fer traverse, l'épais massif des montagnes d'El-Kantara apparaît. La route est des plus curieuse, émotionnante même.

Aux lacets, les rampes se succèdent; enfin arrive la petite gare d'El-Kantara.

Chacun se précipite avec ses bagages, on assiège la diligence, les calèches, les carrioles, les breaks, qui coûtent de 30 à 60 fr. Nos voyageurs se sont dispersés, chacun cherchant une voiture, marchandant, débattant son prix; puis, tout à coup, tous se réunissent autour d'un grand break qui ne demande que vingt francs.

On hisse d'un coup les bagages, on saute sur la voiture, qui disparaît vite au large, tandis que les autres voyageurs sont encore en train de chercher leur véhicule.

Le train comptait dix Anglais, trois Français, plus un couple, tous désireux d'arriver les premiers à Biskra, et de trouver des places dans les hôtels.

— « Cocher, êtes-vous sûr de vos chevaux ? lui demande l'Algérien.

— « Oui, monsieur.

— « Il faut que nous arrivions les premiers.

— Alors, ne vous arrêtez pas à casser la croute à El-Kantara.

— « Fort bien, le temps seulement d'aller humecter un mur et interroger un cruchon de bière.

— « Ça y est.

— « Alors, allume ! allume ! »

Et, au galop, le break descend à El-Kantara, au fameux restaurant Bertrand, distant de près de 500 mètres de la gare.

Le long du chemin tout un chantier travaille, arrangeant la nouvelle route, que domine le chemin de fer de Biskra, inachevée à cette époque.

Tout le monde balance dans le break, il tourne si vite et s'arrête si brusquement. Chaque touriste, après être descendu, avale vite un verre de bière et remonte dans le break qui repart, toujours, au galop et enfile la gorge d'El-Kantara.

Tout ceci s'est si vite passé, ce départ s'est si promptement opéré, que s'est à peine si on a pu jeter un coup d'œil sur l'étrange et fantastique endroit que l'on traverse. Et ce n'est qu'après avoir passé ces portes du désert, en arrivant sur l'oasis, en apercevant le commencement du Sahara et les palmiers, qu'un cri d'étonnement et de saisissement s'échappe de chaque poitrine.

Chacun se tait, regarde tout autour de lui, et reste muet, confondu, tant par la rapidité avec laquelle on arrive devant un tel tableau, que par l'étrangeté de tout cet ensemble, qui tout à coup s'ouvre devant vous.

A travers les maisons de l'oasis, toutes basses, toutes, faites de briques de terre, cuites au soleil, une nuée de gamins, à peine vêtus, court après la voiture, demandant des sourdis.

La route est mauvaise, la voiture descend à pic à chaque instant, remonte de même, toujours au grand trot, au galop ; elle chaloupe en diable, roulant sur ce terrain inégal, pareil à la surface de la mer agitée.

La nuit est arrivée ; la lune se lève, et grâce à la limpidité du ciel, éclaire bien tout le pays, montre à l'horizon les chaînes de montagnes, derniers contreforts de l'Aurès.

Cette entrée dans le désert surprend, non par le curieux aspect que l'on y trouve, mais par le manque d'étrange, par l'absence d'émotion que l'on croyait éprouver avant d'arriver. D'El-Kantara au col de Sfa, ce n'est point le désert, mais quelque vilain pays, comme la Camargue, les Landes, la Sologne. Enfin, aussitôt après le coucher du soleil et la tombée de la nuit, le froid se fait sentir.

Peu à peu, une tristesse envahit ceux qui se voient traverser, seuls, cette immense solitude, cette terre stérile, nue, dont le sol inégal est raviné, fendu, ravagé par on ne sait quel fléau. Un sentiment pénible serre le cœur devant cette désolation ; les yeux attristés après avoir longtemps erré, vagues et mélancoliques, éprouvent un irrésistible besoin de se fermer. Est-ce pour éviter la vue de cette contrée morte, abîmée et inerte, ressemblant à un squelette ?

Est-ce ici le coin de la terre touché par l'imprudent Phaëton, et à jamais stérilisée par une épouvantable brûlure du soleil? ou bien, cette terre, sur laquelle, pas même un brin d'herbe ne pousse, a-t-elle été lavée ou empoisonnée par une eau maudite?

Sa couleur brune est pourtant belle; on la sent friable. C'est une femelle décharnée, mais dont le sang semble encore capable de nourrir une semence dans son sein. Mais le sein même de cette terre est-il à jamais condamné?

Cet aspect de la complète stérilité de ce sol est pénible. Les montagnes d'El-Kantara semblent s'enfoncer à l'horizon; sous les rayons du couchant elles s'empourprent, se colorent de nuances bizarres.

Insensiblement, le silence gagne les voyageurs; un sommeil de tristesse les eût pris, si le sculpteur ne fût venu les réveiller, par les récits de son voyage en Grèce et à Constantinople. Le désolant pays qu'ils traversaient fut oublié, leur imagination fut agréablement emportée vers ces contrées célèbres où le conteur les promenait. Et il essayait de sentir et de définir la différence qu'il trouvait avec la grâce et l'élégance des paysages attiques, aux tons fins, aux lignes pures et bornées, avec les chaudes colorations, les horizons différents, mais pleins de grandeur, de l'Afrique.

Au milieu de l'ombre, des têtes gigantesques de palmiers, des murs blancs se distinguent : c'est El-Outaya

Un spahis croise le break qui entre dans le bordj, grande construction carrée. Au milieu est un puits, au fond s'étendent des écuries; le long de la route, près de la porte, sont les bâtiments, qui forment l'hôtel.

Devant la porte de la cuisine, sous un toit de planches, plusieurs consommateurs entourent des verres d'absinthe. Un gros brave homme, la tête coiffée d'une haute chéchia rouge de chasseur d'Afrique, la figure rubiconde et grasse, salue.

— Si c'est l'hôtelier, souffle l'artiste, j'aime déjà sa cuisine.

Et l'on entre, étonné, dans une salle très propre, au milieu de laquelle est une table garnie d'une belle nappe blanche et d'un couvert bien mis. Un ha! d'étonnement fut poussé; au Désert qu'espérait-on trouver? Rien! Des conserves anglaises, à peine, et du vin piqué.

Eh! bien, que les grands seigneurs des hôtels d'Europe l'apprennent à leur honte, là-bas, aux portes du désert, après un dîner qui avait satisfait la faim de gaillards de vingt-cinq ans, à jeun presque depuis le matin, et n'ayant pu se procurer, pendant toute cette journée de voyage, qu'un maigre repas en wagon, le garçon fut appelé par le plus âgé des jeunes voyageurs et reçut ce petit speech :

— « Mon ami, au nom de tous mes convives, je vous prie de porter nos compliments à votre maître, tant pour le confort du service, la correction du couvert que pour l'excellence de sa cuisine. Votre vermicelle était des meilleurs, la pâte en était douce et le bouillon moelleux, les olives fraîches et fermes, le rôti fort bien cuit à point, le poulet et les épinards très bien réussis, ainsi que la salade. Nous faisons des réserves pour les petits pois qui, seuls, n'ont pas été unanimement applaudis : un blanc-bec les a trouvés trop relevés. Dans votre salade nous avons constaté une huile pure, véritablement algérienne, sans coton. Votre dessert également était très bon, et les dattes ont été saluées d'enthousiasme. Votre premier vin rouge de table avait du bon, mais a été trouvé trop corsé, tandis que le blanc, celui des Tamarins, a été unanimement jugé supérieur, même au Médoc. Il en reste encore dans la dernière bouteille; mes bons amis, *mi carissimi*, buvons à El-Outaya, à notre excellent hôtelier de la grande avenue du Sahara! »

Huit heures sonnaient; le cocher frappait à la porte pour activer les voyageurs : « Messieurs, vous avez gagné la table; si vous voulez gagner aussi les lits, vite en route. » Et voilà, dans la nuit, au milieu de l'ombre qui couvre la terre brune, voilà la voiture lancée grand train.

Survient un bruit; une lumière de lanterne semble se faire voir. Ce sont les Anglais, pensent les touristes, ils vont ne plus rien trouver à l'hôtel, mais vont se venger en crevant leurs chevaux pour avoir les lits. Et après une si bonne heure, un si gai commencement de bonne fortune en arrivant dans ce désert, l'idée de dormir sur une table de café leur fait faire la grimace. Je coucherai sur le billard, réclame l'un. — Oui, le premier accroc, c'est 30 francs. — Alors j'irai coucher chez Fatma !

Ce que c'est que l'influence d'un bon repas et d'un vin aimable et généreux ! La voiture si silencieuse d'abord etait maintenant bruyante ; on courait dans la nuit, sans faire la moindre attention aux cahots, aux trous qu'on rasait, au triste pays qu'on traversait. Une bande de chameliers venait en grand silence. L'ingénieur mit la main dans sa poche pour toucher son revolver. En faisant cette perquisition, il s'aperçût que sa sacoche avait été oubliée au bordj. — N'ayez crainte, lui dit son voisin, vous n'êtes pas ici en plein monde civilisé, ni en Suisse, ni à Nice ; votre valise n'est point perdue. Avec la nuit, le ciel était devenu sombre, et les étoiles s'y détachaient comme des diamants jetés sur du velours bleu. Aucun bruit, aucun souffle ne passait dans l'air : à l'ouest, éclairées par la lune, les arêtes bien taillées des montagnes se dessinaient parfaitement.

Chacun était gai, et la conversation tomba sur les Ouled-Naïl, *qui aux environs des villes du Sahara viennent trafiquer de leurs charmes, en gagnant leur dot*. Ces prêtresses modernes de Vénus rappellent celles de l'Antiquité, le Mont Eryx, le culte de Vénus autrefois général sur les côtes de la Méditerranée, aujourd'hui remplacé par celui de la Madone.

En causant, en riant à chaque bon mot dit, à chaque idée drôle, spirituellement exprimée, la route fut enlevée par enchantement. Arrivés au haut d'une grande côte, le cocher se tourna vers les voyageurs, et, leur montrant du fouet le sommet : « Le col de Sfa ! » dit-il.

Avec les chemins de fer, les voyages à pied et en voiture sont devenus très rares. On se trouve dans Paris sans l'avoir aperçu. Mais ceux qui aiment encore voyager avec plaisir et intelligence, cherchant à repaître leurs yeux des tableaux qui saisissent ou charment leur imagination, regrettent sincèrement le temps de jadis. Figurez-vous que les trains, au lieu d'arriver en plein Paris, à toute vapeur, soient tous obligés de passer sur le Mont Valérien. Sur cette hauteur, l'on ne serait point encore à Paris, mais de là, on verrait cette ville immense, cette vaste fourmilière humaine. De quelle émotion, et de quelle sensation tout voyageur ne serait-il pas saisi ? Il en est de même au col de Sfa. C'est de là qu'on voit le désert, et par là qu'on y entre.

Aussi, arrivé au sommet de la côte, sur la crête de cette chaîne de montagnes, d'une couleur sombre, où ne se voyait toujours pas le soupçon d'une végétation, la voiture s'arrêta pour laisser chaque touriste contempler à son aise le spectacle qu'il avait à ses pieds. Juste à ce moment la lune, de temps en temps, masquée par de gros nuages, qu'elle blanchissait au passage, éclairait en plein le désert. Comme un fantastique décor de féerie, non point avec l'éclat que peut seul donner le soleil, à l'horizon infini, ainsi qu'à tous les détails de cette immensité, elle l'éclairait à demi, d'une lumière discrète, douce, indiquant les points, sans les faire ressortir.

L'horizon disparaissait dans une ombre délicieuse, il se confondait si bien avec les nuages gris, qu'il était impossible de savoir où la terre finissait. Du col de Sfa, à cette heure, le Sahara, enveloppé d'ombres légères, par la profondeur, par la largeur de son horizon et par son sol bouleversé en ondulations pareilles à de grandes vagues, ressemble à la mer. C'est, tout à fait, avec ce mouvement de tempête à la surface, l'Océan; mais un océan de terre ferme et silencieux.

Une grosse tache noire au milieu de cette plaine infinie apparaît, assez peu éloignée : c'est l'oasis de Biskra. En descendant, le versant méridional de la chaîne des montagnes du col de Sfa, ressemble à une antique falaise, à une côte rocheuse. Sur la route qui s'enfonce alors dans le désert, la voiture roulait en tanguant de descentes, en montées, rapides et rapprochées.

X

A neuf heures, les touristes entraient à Biskra ; au milieu des jardins et des maisons blanches. Bons premiers ils étaient arrivés et pourtant, ils trouvèrent l'hôtel du Sahara bondé, retenu par dépêche.

Mais la politesse des hôteliers s'est réfugiée au désert; l'hôtesse aimable fit conduire les trois étrangers dans un café voisin, où on leur promit dans la salle de billard, trois lits, après le départ des consommateurs.

Cette mauvaise fortune ne fit que les égayer. Pouvaient-ils douter du charme que la nuit procure dans cette ville, habitée par des Européens si polis, et consacrée à Vénus ?

Mais que faire jusqu'à minuit ? *That is the question*, disaient-ils.

Après s'être un peu orientés, ils se mirent en marche sous la conduite d'un Arabe qui s'était aussitôt offert comme guide, en très bon français.

Biskra n'est pas fort grande; c'est une ville ressuscitée (voir *Piesse*), rectangulaire, avec des rues tirées au cordeau. Au milieu, s'étend un vaste jardin, au centre duquel est l'église, et où aboutissent plusieurs rues.

A Biskra, point de maisons à plusieurs étages; presque toutes n'en ont qu'un, et beaucoup n'ont seulement qu'un rez-de-chaussée. Point de pierres de taille, pas de pierres même; tous les murs des maisons sont faits en terre, mais bien crépis au lait de chaux, ce qui donne un très grand air de propreté.

Après avoir traversé deux rues silencieuses, le guide les mène au quartier des Nailiètès, deux grandes rues pleines de lumière et de bruit. Sur leurs portes, les dames sont assises en grand uniforme. Ce premier coup d'œil n'est point étonnant du tout, car elles ne sont pas belles. Elles ne valent pas celles de Constantine.

Dans un café, un boucan du diable se fait entendre. On y danse; mais le café est bondé d'arbis, avec quelques Européens, des touristes, assis gravement. A quelques pas plus loin, le guide invite les voyageurs à entrer dans un autre café presque désert. Le kawouadji approche un banc, et tous s'asseyent. Bientôt arrivent deux danseuses, d'un taille moyenne; l'une paraît jeune, l'autre âgée et peu ragoûtante. Une sorte de flûte, pareille à celle du biniou breton, un tam-tam, une kasba, voilà l'orchestre. Il prélude; puis, tout à coup, attaque avec furie un morceau, dont chaque note vous déchire le tympan.

C'est au son de cette musique, que les deux danseuses exécutaient leurs contorsions, abdominales et callipygi-nales. Après ces deux-là, qui produisirent peu d'effet sur les étrangers, d'autres, plus jeunes et plus jolies, se mirent à danser.

Est-ce la peine de décrire cette danse, quand tous ceux qui ont écrit sur l'Orient, se sont plu à définir cette chorégraphie? Les avis sont partagés sur l'attrait qu'elle procure. Le plus grand est encore la danseuse, quand elle est jolie, jeune et facile, qu'elle est revêtue d'un beau costume, composé d'une gandoura de soie ou de laine, bien serrée aux reins souples, formant des plis gracieux qui s'harmonisent avec les mouvements on-doyants du corps.

Du reste, la danse spéciale des Ouled-Naïl n'est pas celle qu'on voit au café, en public.

Les oreilles rompues, un peu désenchantés, puis mal à l'aise au milieu de cette foule, d'Arabes qui, tout de suite, avaient envahi le café, les Français payèrent leur tasse, sortirent et les danseuses s'en allèrent.

Ils continuèrent à visiter la rue, s'arrêtant devant chaque femme, assise à la porte, l'examinant, se fai-sant inviter à entrer.

— Mais vos filles, dit l'ingénieur au guide, ne valent pas leur réputation. Je n'en vois pas de séduisantes.

— Les belles, lui répondit le guide, ne sortent pas comme celles-là.

— Seigneur, ayez pitié de nous! Partout c'est la même chose! En tous les cas, demain, notre cher guide, il faudra nous en montrer de triées sur le volet.

Après avoir circulé dans ces deux rues, avoir vu et revu ce que c'est qu'une soirée pour les Biskris, ils vinrent se rafraîchir, causer entre eux et se communiquer leurs réflexions sous les arcades du café en respirant l'air parfumé par les cassis qui forment la haie du jardin.

XI

Tous étaient levés de bonne heure le lendemain matin, et, après le café, la voiture de la veille vint les prendre pour leur faire faire le tour de l'oasis de Biskra.

Sortie de la ville, la route entre sous les palmiers qui s'élèvent, dans toute l'oasis, comme un bois, une forêt de chênes; en France. Elle traverse des champs d'orge, déjà épiée; tout le sol est vert, d'un vert superbe. L'effet de ces couleurs dans leur crudité, le vert des champs, le vert des palmiers, le blanc des burnous des Arabes que l'on croise, le bleu implacable du ciel, est incroyable. La voiture arrive à l'ancien Biskra, où ne se voient plus que des débris de murs en briques de terre. Il faut le savoir pour deviner que là, il y a cinquante ans, était une ville. De là, les touristes gagnent un petit hameau où il y a une couba. En entrant entre les deux files de maisons, une nuée d'enfants, de fillettes, se précipitent derrière la voiture, demandant des sous : une poignée ne les satisfait pas, les excite au contraire. Les chevaux filent plus vite, mais cette volée les suit ; les jeunes gamins courent à toutes jambes, la gandoura en l'air retenue entre leurs dents. Arrivé devant la couba, on descend au milieu des enfants devenus une foule : devant la voiture, une jeune enfant d'une dizaine d'années se tient en souriant. A sa vue tous s'écrient : « Qu'elle est jolie ! » et ils montent sur la terrasse de la mosquée.

De cet endroit peu élevé la vue est de toute beauté. Quel est le coloriste, le broyeur de couleurs qui, à ce spectacle, ne serait point enchanté ? A la suite des touristes et des marabouts qui les ont suivis, une nuée d'enfants, de fillettes à la tunique bleue, a envahi la terrasse ; parmi elles, la jolie petite qui a provoqué un si unanime cri d'admiration.

Le colon ayant eu l'occasion de dire quelques mots d'arabe, aussitôt, les hommes et les enfants qui les entouraient prirent une toute autre physionomie.

La petite fillette, si jolie, s'était plantée devant l'Algérien, le regardant de ses grands yeux superbes et étonnés. « Voici, dit-il, en la prenant par la main, une vraie Ouled-Naïl. » Avec sa simple gandoura, sa tunique bleue, nous pouvons croire, voir devant nous, une vraie Grecque, non seulement avec les lignes de ses traits, sa physionomie, mais aussi ses vêtements.

Ce que nous avons lu, ce que nous avons vu en étudiant l'ethnographie, l'histoire de ce peuple hellène si beau et disparu, est pourtant encore vivant ici.

Sur l'origine de cette tribu, une légende assez singulière s'est répandue.

D'où vient-elle? Qu'importe! elle peut avoir beaucoup de faux, mais on peut trouver, comme aujourd'hui, des preuves vivantes de sa probabilité, de son authenticité.

A une époque inconnue, une ville grecque, à la veille d'être prise d'assaut dans une guerre, monta sur ses galères et cingla vers la haute mer; pour gagner la grande Grèce, Tarente ou Parthénope, ou bien Cadix. Une tempête survint, leur fit perdre leur chemin et les lança sur l'Afrique, entre Alger et Bougie. Un dernier coup de vent les jeta à la côte. Lés bateaux brisés, une partie des naufragés s'installa sur ces rivages, et forma la tribu kabyle appelée les Oumouggoun, dont les femmes sont renommées par leur beauté, qui rappelle celle des Grecques. L'autre partie, la plus aventureuse, voulut pénétrer dans l'intérieur des terres; mais, assaillis par tous les indigènes, ils ne purent se fixer nulle part, ni sur le rivage ni dans les terres. Ce ne fut qu'arrivés au désert, après les Hadna, ne rencontrant presque plus d'habitants, qu'ils purent planter leurs pénates, là où sont aujourd'hui les Ouled-Naïl. Ils gardèrent leurs mœurs, leurs usages, comme leur beauté; et, cette belle enfant que vous venez de voir ne vous rappelle-t-elle pas une Corinthienne que vous auriez pu rencontrer vers la 95e olympiade ?

Voyez cette peau, le soleil ne l'a point brûlée, il la dore; c'est pour elle que Victor Hugo semble avoir écrit : ta peau n'est ni blanche ni cuivrée; c'est tout à fait la peau mate de quelques femmes de Marseille, d'Arles et de Naples, fine, laiteuse pour les femmes qui sortent peu, ambrée pour celles qui, souvent, vont à l'air. Ses yeux sont grands, ouverts, comme ceux de la Mauresque, mais celle-ci n'a que la beauté, tandis que dans ceux de cette enfant, ne sentez-vous pas l'esprit, l'âme même qui parle, sort sous ces longs cils, de ces grandes prunelles ? L'œil de la femme arabe est noir, grand, encadré de longs cils ; il est fort beau ; mais il est aigu, dur, avec je ne sais quoi de sauvage ; on y sent la fougue de la passion, sans les douceurs des caresses. La juive a des yeux étonnants, veloutés, mais opaques dans leur couleur sombre. Ils vous donnent un malaise ou font douter de la valeur amoureuse de la femme.

Quant au nez de cette fillette, n'est-il pas du grec le plus pur, semblable à celui de la tête d'Eros, droit, fin, allongé, aux ailes mobiles ; quant à cette bouche, comment la confondre avec celles des filles arabes ou juives? Certes, elle est sensuelle, mais le dessin en est plus pur, plus serré ; aux coins, les lèvres sont amincies, toujours prêtes à sourire, à être aimables, au lieu d'être relâchées comme celles d'une bête repue, dont la bouche n'a jamais l'occasion d'être le reflet des sentiments agréables qui agitent son âme. Je ne puis vous détailler toutes les qualités qu'il y a dans son corps; elle n'est pas encore d'âge à danser la gandoura sur le tapis; mais tenez sa main, examinez si tout n'est pas bien proportionné et délié. Chaque doigt est déjà formé et annonce une structure parfaite de tous les membres; il est plein à la première phalange, arrondi à la seconde, sans nœud, et effilé au bout du doigt. Soyez sûrs que son pied sera fin, son mollet gros, sa cuisse en forme d'olive.

Ce devait être avec ce même costume, la melafa bleue, rappelant l'antique tunique grecque, mais avec une enfant plus belle encore, qu'Apelle aperçut la belle Corinthienne qui devint son modèle favori et finit par être, par sa beauté, la divinité vivante de Corinthe.

Ainsi, dans ce pays, que de choses une seule figure vous rappelle! Voulez-vous monter dans le train des grandes imaginations? Dites : D'où viens-tu, belle enfant? D'où vient ta beauté, ton génie? Figurez-vous alors une grande colonie grecque la veille d'être prise d'assaut, s'embarquant, comme dans *le Dernier jour de Corinthe* de Robert Fleury : l'ennemi implacable et barbare est maître de la ville, déjà à moitié incendiée, des femmes de toute beauté, nues, dans leur désespoir, implorent encore leur divinité impuissante; au fond du golfe, sur la mer azurée, sous le ciel bleu, si beau, si pur, même devant une telle dévastation, des galères ont pu s'échapper :

c'est sur elles que se trouvaient les aïeux de cette enfant. »

L'Algérien tenait toujours par la main la fillette qui lui souriait avec une coquetterie native. Ces Français devant cette foule d'Arabes, aux burnous blancs, cette foule d'enfants, aux gandouras rouges, bleues, violettes, ces gamins à peine vêtus, la tête ornée de la chechia rouge, tout ce monde monté sur la terrasse se dessinant sur le bran des murs des maisons voisines, formaient un tableau du plus pittoresque effet. On comprend que tant d'artistes se soient énamourés de cet endroit unique sur la terre. Et le sculpteur regrettait que cette année Guillaumet ne fût pas à Biskra, où sa meilleure inspiration lui vint, où son génie fut formé.

Hélas ! pauvre Guillaumet, au moment où là-bas on prononçait ton nom en faisant ton éloge, sur ce coin de la terre dont ton pinceau a rendu si bien la beauté, que tes yeux voyaient, que ton esprit analysait; à ce même moment, tu étais hanté de sinistres pensées. et, sans plus songer à retourner au désert, au pays du Naïliétès, à la Séguia, tu appelais la mort qui allait nous ravir ta palette et nous priver de ton si beau talent.

Qui aujourd'hui va te succéder ? Tu t'étais emparé du Sahara, selon l'expression de Brouillet, de ton rival, s'il eut voulu ; faire de l'Afrique; qui aujourd'hui viendra prendre ta maison saharienne, que tu avais achetée, artiste consciencieux, afin d'y peindre d'après nature tes toiles si brillantes et si vraies; qui donc viendra pour y trouver, et ton souvenir, et l'espoir de t'égaler ?

La voiture repart au milieu de la nuée de gamins courant après les gros sous.

Jusqu'à présent l'on n'avait pu qu'admirer, dans Biskra, la nature, sans l'art qu'y ajoute l'Européen. Car les habitations des Arabes, ou leurs jardins, leurs plantations et même les constructions de la ville nouvelle, ne rappellent guère le quartier Marbeuf. L'exemple ne s'était pas présenté, de ce que le progrès moderne, uni à la nature, pouvait donner dans ce merveilleux endroit. Aussi un crochet fut-il fait pour aller voir le Château-Landon, aux confins de l'Oasis, presque sur les bords de l'Oued-Biskra, au lit encaissé et large, parfaitemenl à sec alors, montrant ses innombrables galets blancs, brillants au soleil.

Une fort belle construction carrée, de style mauresque, implacablement blanche, même aveuglante, s'élève dans un enclos, derrière une grande grille de fer forgé. Un indigène vous reçoit, et doit vous faire visiter le jardin. En marchant sur un gravier fin et brillant rempli de paillettes de mica, l'on avance dans les allées pleines d'ombre, en plein jour, tant les arbres sont touffus, tant cette végétation est luxuriante, merveilleuse. C'est un vrai rêve, à se croire transporté dans un décor d'opéra. Au milieu des bananiers, des dattiers, des bambous, des daturas, des palmiers, des cocos datils, des chamœdoréas, des phormiums, des philodendrons, des rhapis, des strelitzas, vous marchez étonnés, émus ; votre imagination est surexcitée. Le cœur vous bat ; si bien qu'en passant dans l'allée des Pamplemousses, le souvenir de Paul et de Virginie saisit l'esprit des visiteurs.

Ce n'est pas sur des bords battus par les vents, auprès de maigres roseaux, que Fragonard aurait dû placer sa ravissante vierge accroupie, sentant les premières émotions de son cœur agiter son âme, à la vue des ramiers qui, jusque sur ses épaules, se poursuivent d'amour et se becquetent ; non, ce devrait être là, ou dans un cadre pareil.

Où donc les papillons trouvent-ils des fleurs plus éclatantes que sous ce soleil, plus dignes de leurs couleurs ? où sentent-ils un air plus léger ? Voici le pays des tourterelles, qui roucoulent sans cesse sous ces épais ombrages. Ah ! oui, dans cet air ambiant, qu'il doit être facile de vivre et d'aimer longtemps !

L'ingénieur se rappela un air de l'opéra de Massé. Il se mit à chanter à pleine voix ; ses amis lui répondirent allumés par la gaieté, entraînés par le merveilleux de l'endroit, sans souci du garde indigène digne dans son burnous blanc, impassible et d'un œil noir regardant, sans pouvoir comprendre, cette scène qu'il devait trouver très ridicule. Il contemplait, hautain et sévère, tous ces jeunes Français exubérants de jeunesse avec un souverain mépris. Le colon, qui connaissait son Arabe sur le bout du doigt, d'un coup d'œil l'avait deviné ; aussi lança-t-il à ce superbe majordome, quelques drôleries, en arabe, intraduisibles ; et, le merveilleux de cette puissance de la langue, fut, qu'au lieu de continuer son air rogue, il fit l'aimable.

A ce sujet, l'Algérien fit cette sortie : « C'est une chose curieuse vraiment, cet engouement des Français, des Parisiens surtout, pour les porteurs de burnous, et le mépris que ces derniers gardent pour leurs admirateurs. Rentré chez lui, dans sa montagne, sous son sale gourbi, l'Arabe, qui a eu tant de regards enthousiastes à Paris, dit à ses amis, à ses femmes, en parlant des Français : « Ah ! bassine ! » (Oh ! les imbéciles !) Tout, dans notre manière d'être avec les étrangers, avec eux, leur paraît parfaitement sot. En effet, l'Arabe est aussi hypocrite que poseur ; il le fait à la dignité. Allez chez eux sans trop de bruit, sans escorte armée, en bon bourgeois ; et vous verrez avec quelle hautaine supériorité, digne d'un vieux baron du moyen âge ayant château fort, donjon à mâchicoulis haut de quatre-vingts pieds, un simple cheik (un garde champêtre) vous recevra dans sa zériba, et de quel œil jaloux, méfiant, investigateur, les enfants, même, vous examineront à la dérobée, tandis que les femmes auront soin de s'éloigner de votre regard.

Le Français s'empresse auprès de l'étranger ; son fils vite se familiarise avec lui ; sa femme lui sourit, est coquette, cherche à lui plaire. L'Arabe, vous jugeant d'après lui, se met en garde, éloigne son fils, pour que vous ne le souilliez pas, et évite d'éveiller toute idée de femme.

— Et savez-vous qui déteste encore plus que nous ces Arabes de la plèbe, ces vrais Bédouins, ces fanatiques, complètement rebelles à toute civilisation, dénués de tout soupçon de morale ? Ce sont les Arabes de la caste aisée, un peu lettrée et civilisée. Ceux-là méprisent leurs coreligionnaires du dehors ; en voyant la France les faire leurs égaux, ils en sont bien plus choqués que nous.

Le garde, qui parlait un peu le français, souriait. L'Algérien l'apostropha ainsi :

— N'est-ce pas que ce que je dis est vrai ? Les montagnards, « barrani », nous méprisent surtout.

— Vous avez raison, les Zarrab di la montagne, comme des bêtes, quif-quif bourriquot.

XII

Après de longs regards donnés à tout ce petit Eden, les voyageurs le quittèrent pour gagner le déjeuner à Biskra.

C'est un trajet, en voiture, de dix minutes, au milieu de palmiers géants, de champs d'orge verte, que l'on coupe déjà pour la nourriture des bêtes et arrêter sa trop grande pousse. Ici, c'est un champ de fèves, là, un petit jardin de navets et de carottes ; tout cela d'un vert vibrant, se détachant admirablement sur le sol, d'un rouge d'ocre.

Le long de la route, des ânes passent chargés de denrées, allant ou revenant du marché de Biskra. Un, surtout, attire l'attention.

Sur une grosse botte d'herbes vertes, une guirlande de poivrons rouges pétarde, avec sa couleur de pourpre.

— Dieu ! s'écrie l'artiste, quelle provision ! Mais ils ne vivent donc que de piments ?

— C'est pour se donner du ton, de l'appétit, pour manger leur couscoussou, réplique le colon.

A ces rustres, il leur faut du montant; l'imagination et la sensibilité leur faisant défaut, leurs sens ont besoin d'excitants de brute.

— Décidément vous ne paraissez guère aimer les Arabes. C'est à vous en croire jaloux.

— L'Algérie, pour nous, est comme une maîtresse adorée. Nous souffrons, nous rageons de le voir encore abandonné à ces vilains, ce pays pour qui nos pères ont combattu, afin de le conquérir et de lui donner la liberté et la beauté.

A Lambèse, j'ai été élevé au milieu des ruines; mon percepteur, un malheureux détenu, ancien lieutenant, qui avait mangé la grenouille, tout en m'apprenant à lire, avait été chargé d'étudier les débris de l'ancienne ville romaine, et je l'accompagnais.

Les prisonniers déblayaient et découvraient des statues ou des mosaïques. C'était le sujet de longues conversations entre mon père et ses amis, des officiers qui venaient de Batna, admirer aussi ces vestiges de l'ancienne civilisation et de la grandeur romaine, pareils à un squelette : montrant ainsi par les grands murs, les voies, les colonnes encore debout, une solidité de structure admirable et enfin par les mosaïques et les statues, une grande richesse de parure.

C'était comme une ville, ravagée tout à coup par un

épouvantable incendie. L'impression en dure encore en moi, et de leur vue, et des pensées qui s'échangeaient à leur sujet.

Devant ces débris, il vient toujours à l'esprit, du penseur et du voyageur, l'idée de ceux qui les ont faits ; et aux Arabes, devenus maîtres de l'Afrique depuis leur invasion du IXe siècle, il faut dire : « Qu'avez-vous fait de l'Afrique ? » — Vos yeux vous diront : « Des ruines, et presque une terre sauvage. »

Voilà ce qui reste de ce pays autrefois si riche, dont le séjour était interdit aux exilés de Rome ; dont Stace nous a laissé une description enchanteresse, nous peignant cette côte d'Afrique si agréable alors, où est maintenant le Sahel, semblable à un immense jardin, de Carthage, aujourd'hui Tunis, jusqu'à Cœsarée, maintenant Alger.

Massinissa, roi de Cirtha (Constantine), avait fait venir, pour embellir et décorer sa ville toute une colonie d'artistes grecs ; c'était donc un peuple parfaitement civilisé qui habitait déjà, mille ans avant l'invasion arabe, ce pays.

Toutes les hordes du nord de l'Europe : les Vandales, les Goths, les Visigoths, les Ostrogoths, se sont rués, à la décadence de l'empire romain, en Afrique, comme sur une reine ou une courtisane, aussi belle que riche. Ils avaient pillé, saccagé, les uns après les autres ; mais, malgré leur barbarie, ils n'avaient pas mis la destruction de tout en principe. Les Arabes sont venus, et avec eux l'Afrique civilisée a disparu : les peuples ont été massacrés ; tous les vestiges de la civilisation ont été détruits, et les terres, devenues incultes, envahies par les chardons et les broussailles.

Quand les Maures ont quitté l'Espagne, les Espagnols n'ont point détruit leurs travaux ni les mosquées, ni les barrages.

L'Arabe a tout anéanti.

Et sur cette terre couverte de jardins, où l'eau devait couler en quantité, aujourd'hui vous voyez une désolante stérilité.

J'ai vu des restes de barrages, longs de plusieurs centaines de mètres et épais d'une trentaine, complètement détruits. Cette vue vous confondait; et l'on arrivait à s'étonner autant de la puissance du travail et de l'intelligence de ceux qui avaient bâti de tels travaux, que de la puissance de ceux qui les avaient si complètement démolis.

Au sujet de l'Arabe, deux grandes erreurs existent en France, profondément enracinées dans l'esprit des masses; par l'ignorance : c'est d'abord, de croire au génie civilisateur de la race arabe. Dès qu'on en parle, l'Alhambra apparaît avec toutes ses merveilles. Mais tous ses travaux ne sont rien moins que leur œuvre. Pas un Arabe n'est maçon ; ils n'habitent que sous la tente ou dans un gourbi. Dans le midi de l'Espagne, les Arabes ont, dit-on, produit une civilisation merveilleuse en agriculture, en architecture, etc. Tout cela venait directement de la Perse, de Zoroastre, non de l'Arabie de Mahomet. Ce qu'on appelle l'architecture arabe est l'architecture persane; et à mesure que l'islam a remplacé le mezdeïsme, la Perse a décliné.

L'autre erreur est de croire l'Arabe d'Afrique dans son pays, comme l'Alsacien dans le sien. Non, l'Arabe en Algérie n'est qu'un envahisseur, surtout un destructeur. Cette terre, il l'a volée à la civilisation, aux races de l'Europe, et, loin d'y avoir acquis par ses travaux l'estime et la reconnaissance de l'humanité, il ne montre que des ruines et les conséquences d'une implacable barbarie, méritant la haine et le mépris de tout homme civilisé.

A lui maintenant il peut lui être dit : « Si tu veux qu'on t'épargne, il fallait épargner les autres. » Sans avoir pour lui la sauvagerie qu'il eût pour les vaincus, il faut lui montrer une justice implacable, afin de le restreindre dans ses instincts de destruction et de l'empêcher de nuire à tous les progrès qui s'élèvent autour de lui et qu'il déteste.

Qu'un Lorrain porte de la haine au Prussien, cela se conçoit : il est dans son pays; on admet sa haine ; mais il ne peut se faire qu'on mette sur le même rang un Lorrain et un Bédouin. L'un est sur sa terre en maître d'un bien qu'il soigne et enrichit ; l'autre n'est sur l'Afrique

que comme un brigand installé dans un palais qu'il a incendié.

Pour mieux peindre par un trait leur caractère et leur opposition à notre civilisation, je ne puis, tout impossible qu'il paraisse être, m'empêcher de citer ce fait. Un garde-barrière du chemin de fer de Constantine à Philippeville était un Arabe. Bientôt après son installation, les conducteurs de train aperçurent, en passant, quelque chose d'anormal autour de la coquette maisonnette. Enfin, au bout de quelque temps, un inspecteur y vint et quelle ne fut pas sa stupéfaction, de voir que l'Arabe s'était construit un gourbi derrière la maison, et que la maison lui servait d'écurie, au rez-de-chaussée pour ses deux vaches, et au premier pour ses veaux.

En Algérie, elle jure cette fausse opinion des Français sur le génie civilisateur des Arabes, puisqu'on n'y voit que des ruines, ruines immenses d'un pays si grand et si riche, ruines de tout ce qui est non seulement le luxe de l'esprit humain et du progrès, mais de tout ce qui est nécessaire à la vie des hommes sortis de l'état sauvage : les routes, les ports, les barrages. Leur génie, c'est la destruction.

Peuple pasteur et pillard, comme le sont encore leurs frères de la Mésopotamie et de l'Arabie, partout où la faiblesse des autres nations les ont laissés pénétrer, ils ont tout ravagé, détruit tous les monuments du travail de l'homme ; les hommes, ils les ont massacrés, et ceux qui ont survécu au massacre, après les siècles d'abaissement et d'ignorance sous leur fatale domination, sont devenus aussi abaissés qu'eux. Loin de grandir les peuples vaincus, ils les abaissent; loin d'enrichir la terre où leurs conquêtes les ont poussés, ils en abattent tous les ouvrages et la stérilise. Ils ont détruit les monuments, les ouvrages de la civilisation romaine, comme ils détruisent encore aujourd'hui les forêts de l'Algérie.

Que penserait la France, que dirait l'Europe, si l'on apprenait qu'une bande de bergers des bords du Loing, afin d'avoir pendant quelques années de gras pâturages pour quelques centaines de petites vaches et de chèvres, incendiaient, par une chaude journée d'été, toute la forêt de Fontainebleau? Ils ne méritent, je le répète, que le mépris, et leur passé en Afrique devrait les mettre au ban de l'humanité.

Ils peuvent, par leur extérieur, attirer le regard, car ils ont leur beauté et même un certain charme. On voit en effet, en eux une admirable souplesse et surtout une force et une énergie d'homme, de mâle, peu commune; ils en imposent, et captivent le regard, comme les fauves; ils ont fait dans l'humanité la même œuvre et méritent alors d'être traités comme tels. Les assimiler, de suite, par un décret, est une utopie. Il ne faut chercher qu'à utiliser leurs bons côtés, à se garantir de leurs vices.

— En somme, entre les Arabes et les Juifs, pour qui votre cœur se prononcerait-il?

— Il ne balancerait pas. Je vous ai dit que je faisais pour les Arabes d'Algérie des exceptions. Je déteste la masse parce qu'elle est aveugle et fanatique, capable de nuire dans l'avenir. En Algérie, c'est le Bédouin « vivant de brigandages dans le nord de l'Afrique et dans l'Arabie » qui domine; comme le Juif domine au détriment de l'Israélite. Le Juif, fils de Juda, — Youdi, — qui a vendu son frère, qui a vendu son Dieu, lâche et sanguinaire, fort de tous les vices pour abattre ses ennemis.

Parmi les Arabes, j'en ai connu d'excellents; j'ai eu de charmants condisciples. Sur beaucoup de points, nos opinions sont les mêmes. Il y a chez eux de grandes qualités d'homme; ils sont braves, enfin. Tandis que les Juifs, qui ne peuvent déjà pas nous suivre dans nos marches militaires, ne feront, dans une guerre, qu'une masse de traîtres, de lâcheurs. S'ils tirent jamais, ils ne pourront que nous tirer dans le dos. En France, tout est aux Juifs: les banques, la presse, les théâtres. Ils sont en force dans l'armée; ils ont en main l'intendance; et bizarrerie, ou admirable combinaison de leur effrayante puissance en Europe, il en est de même chez les Allemands. Ah! chrétiens, non-circoncis, des deux côtés des Vosges, égorgeons-nous pour ces charognards-là! »

Ce mot, qui est tout algérien, produisit un joyeux effet d'hilarité. Juste à ce moment, un affreux vieux passait, sale, dégoûtant, puant, avec une barbe, véritable poème de saleté. — Tenez, un Juif ! Y a Giffa ben Giffa! cria le colon.

— Que dites-vous là ? Que veux dire Giffa? — Charogne. — Et ben ? — Enfant. Voilà la dénomination du Juif en arabe.

— Et pourtant, mon cher, malgré vos cris et vos emportements, vous feriez bien vingt kilomètres à cheval pour écouter de l'Halévy, voir les yeux immenses, noirs, veloutés, d'une Esther, oublier vos haines et chanter dans ses beaux bras de psaumes d'amour !

— Mais tous les Allemands sont-ils assez bêtes pour ne plus vouloir boire du champagne en haine de la France? Je déteste les Juifs, vous ai-je dit, à cause de leur internationalisme ; mais je reconnais leurs qualités, regrettant qu'elles soient employées à nous nuire. J'ai eu de très bonnes relations avec plusieurs Juifs ; même étant gamin, quand le collège communal fut fondé avec le collège arabe ; les Arabes ne voulaient pas laisser entrer les Juifs ; j'ai été obligé de faire le coup de poing contre nos amis, fils du désert, pour les Juifs, nos condisciples. Les Juifs sont donc mes débiteurs, aussi je m'en aperçois : quels mauvais payeurs ! Combien les Arabes ont raison d'avoir inventé leur légende de Giffa ben Giffa.

— Est-ce drôle ?

— Certainement.

— Alors racontez-nous ça pour faire diversion à vos revendications.

— Mais elles sont justes, jour de Dieu, nos revendications! Les peuples sont comme des individus inégaux en liberté et en richesse. Pour gagner ses grades de liberté et de noblesse, la France a lutté pendant des siècles. Demandez à ce Juif, que nous venons de rencontrer, ce que faisaient ses aïeux? Etaient-ils comme les nôtres sur les champs de bataille de Denain, de Zurich, de Hanau, de Waterloo, pour défendre la Patrie, la France, et conquérir sa liberté et son autorité dans le monde? Nos pères ont été à la peine, pour que nous soyons à l'honneur.

Je plante des vignes aujourd'hui, ce n'est pas seulement pour moi, mais pour mes enfants et si plus tard d'autres hommes, des étrangers voulaient vendanger ces vignes que j'ai plantées, mes fils auraient raison de leur allonger des coups de fusil. Ça, c'est leur bien propre, comme notre droit de Français devrait être pour nous un titre et un privilège! Qui a bâti la maison l'habite, et doit en profiter. Attendez en France, et vous verrez que de toutes les bonnes places, les Juifs feront sortir les Français qui seront ruinés et mis à la porte de leurs biens.

« Dans dix ans, assure Rothschild, les chrétiens, les non-circoncis, les Français surtout, ne mangeront que si les Juifs le leur permettent. » Ceci est une parole historique. Je voudrais bien vivre encore ce laps de temps pour juger de la prophétie, voir un Juif m'enlever le pain de la bouche; le soir, la moitié de la rue Laffitte sera dynamitée, je le jure! »

A cet atroce serment, la voiture éclata en cris au milieu desquels on entendait ces terribles menaces : « La dynamite ou la mort! la dynamite et la mort! » hurlées le poing fermé, sous le nez de son vis-à-vis; puis les touristes, après cette petite scène burlesque, réclamèrent l'histoire intéressante des Giffa.

— Colon, assez du drame, passez à la comédie et exécutez-vous.

— D'abord : Vive la Sociale! et, voici comment maintes fois un Arabe m'a raconté cette légende.

« Vous autres Français, vous ne les connaissez pas, ces vermines de Juifs, me répétait-il. Leur audace pour avoir de l'or les ont poussé jusqu'à braver la colère de Dieu et de son saint Prophète, à convoiter et à ravir les choses saintes. Au commencement de l'Hégire, il y avait un grand saint marabout à Sidi-Bouthiz; les pèlerins venaient de loin y faire leurs dévotions, apportant de très riches présents. Une fois que la caravane était plus nombreuse que de coutume et surtout munie d'une quantité considérable de dons, les Juifs l'apprirent et formèrent le projet de s'en emparer; — ces gens-là pour le mal savent tout. Le lendemain matin, tandis que les Musulmans étaient en train de faire leurs ablutions, les Juifs fondent sur le camp, massacrent les gardes, pillent les trésors.

Le marabout, du haut du ciel voit l'injure, court trouver Mahomet, lui demande vengeance. Mahomet implore le Dieu juste et bon qui a maudi les violateurs de choses saintes, et obtient l'extermination de ces Juifs, l'horreur de la race humaine. Alors les Musulmans, animés d'une vaillance et d'une agilité merveilleuses pour venger le vol, poursuivent avec tant d'acharnement les Juifs qu'ils les atteignent, et après un opiniâtre combat les massacrent jusqu'au dernier.

Moïse ayant su le crime de son peuple n'osait implorer Dieu juste et bon pour un peuple aussi dégradé; cependant il était triste. Aussi le soir prêta-t-il une oreille attentive aux lamentations des Juives : « O toi, disaient-elles, notre prophète, viens nous consoler! Ta race est détruite à jamais, car tous les hommes sont morts. »

Moïse s'approcha de Dieu et le pria de regarder d'un œil clément ces malheureuses Juives; puis il dit : « Oui, ces coquins ont commis un crime abominable; mais comment la race va-t-elle continuer son rôle sur la terre ? Tu as permis, Dieu juste et bon, l'extermination de tous les mâles, et les Musulmans dans leur rage n'en ont pas oublié un seul. »

Mahomet était près de là ; il souriait dans sa barbe, satisfait, l'âme apaisée et contente. Le cas paraissait difficile à résoudre ; Dieu était perplexe. Moïse entendit des jeunes femmes dans une oraison jaculatoire demander, en guise de consolation, de pouvoir encore passer une nuit avec leurs maris morts, afin de concevoir. Il saisit cette idée, et demanda à Dieu la permission pour tous les cadavres des maris de ressusciter pendant cette nuit pour perpétuer la race. « C'est ça, dit Mahomet, désormais les Juifs ne seront que des Giffa ben Giffa. »

En vous racontant cette légende, si l'Arabe s'aperçoit d'un soupçon d'incrédulité sur votre figure, dans votre regard, il ne manque pas de vous dire : « Tu n'y crois pas ! cependant as-tu jamais senti un Juif, et n'as-tu pas été frappé de son odeur pénétrante, nauséeuse, infecte? C'est bien l'odeur de la charogne, la suite et la preuve de la punition que Dieu a infligé à ces maudits. »

Cette légende arabe s'accorde avec les savants qui ont recherché la genèse des Juifs ; selon eux, loin d'être le peuple aux poétiques et divines légendes, apprises jadis aux enfants, leur origine serait infâme. Pasteurs d'abord, ils contractèrent la lèpre avec leurs bêtes. Empoisonnés de ce virus honteux, ils vinrent en Egypte et les Egyptiens, s'étant aperçus de leur maladie, prirent des précautions pour s'en garantir et tenir les Juifs à part, jusqu'à ce qu'ils trouvassent bon de s'enfuir. Ce ne fut pas comme peuple saint, choisi de Dieu, qu'ils évacuèrent l'Egypte; leur sortie s'appela beaucoup moins poétiquement, le départ des impurs.

Et, en effet, une chose frappe étrangement dans la Bible : c'est l'énorme quantité de chapitres consacrés au traitement de la lèpre, contractée avec leurs bêtes. Dans ces temps modernes, les Espagnols, moins circonspects que les Egyptiens, en allant au Mexique dont les habitants étaient, comme les Juifs, des impurs, ont gagné la lèpre moderne donnée par l'alpaca.

Aujourd'hui, après des siècles, les Juifs portent sur leur figure les stigmates de l'infamie de leur sang ; outre l'odeur qu'ils dégagent, n'ont-ils pas aussi leur teint caractéristique, la figure exsangue, ce teint blanc, non pas laiteux, ambré comme celui des Méridionaux, mais avec un dessous verdâtre, comme celui d'un cadavre ou d'un vivant atteint d'une maladie héréditaire, honteuse ?

Les Juives qui se donnent à la galanterie ont grand soin de masquer leur odeur, — *odor judaïcus*, déjà reconnue par les Romains, et qui peut éloigner les amoureux encore libres, indemnes de leurs philtres. Mais plus tard, quand la Juive, par je ne sais quelles caresses attractives et absorbantes, par quels vices de débauche, s'est emparée du corps et du cerveau d'un homme, parmi les choses indispensables à ce malheureux dans sa folie et ses besoins, il y a surtout cette odeur qui l'attire comme le parfum de certaines plantes vénéneuses, trouble son cerveau et l'anéantit.

Que voulez-vous, me disait à ce sujet un ami qui avait

manqué choir dans les lacs d'une Esther, les sens ont leurs aberrations; il y a le daltonisme pour les couleurs; pour le goût, comment dire? Tel aime dans la femme le parfum du muguet ou de la violette, tel autre a du pica pour l'ordure. »

XIII

Cette âpreté dans la critique, cette aversion de l'Algérien à l'égard des Arabes se rapporte surtout à la masse vulgaire, populace des montagnes, encore un peu barbare, à peine née sous la civilisation. Cette vive antipathie peut paraître excessive, mais elle est telle, et elle a sa raison d'être.

Et, tel colon qui, les yeux brillants de colère au souvenir de ses embarras avec ses gens, ses garçons indigènes, paraît ne souhaiter rien moins que l'expulsion presque de cette race, est chez lui, avec ses domestiques, très bon enfant.

Ils n'ignorent pourtant pas qu'à côté de ces Arabes, ruraux vicieux, il y en a d'autres dont les qualités d'homme privé et de serviteurs dévoués à la France, dans ses administrations et sous ses drapeaux, les font marcher de pair avec des Français.

Que penser des étrangers qui vous diraient dans un

wagon filant sur Dantzig, en parlant des Parisiennes : « Oh ! les gueuses ! » Vous souririez en songeant malignement en vous-mêmes au genre de femmes que votre interlocuteur a dû fréquenter sur les boulevards. Il en est un peu ainsi pour ces Algériens, bons enfants au fond et chez eux pas si ennemis des Arabes qu'ils le paraissent tout d'abord.

Plus d'un Algérien vous citera des traits de probité et d'attachement de quelques-uns de ses gens.

Un ancien garde, avant de rentrer à l'hôpital, vint nous apporter ses économies et des boîtes de fer-blanc, restes d'un café qu'il avait monté. « Je te les laisse, disait-il, pour que mon frère, qui est un sauvage, ne les aie pas, et, si je meurs, que ce soit toi qui en bénéficies. »

Venu une après-midi à pied à notre propriété, je m'y étais attardé ; un chariot descendant de la montagne avait versé. La nuit déjà venue, je partis. J'étais sans armes, sans chien. Pour regagner le village, il me fallait faire cinq kilomètres et passer par un pont où plusieurs assassinats avaient été commis. Jamais mon garde ne voulut me laisser partir seul ; et son frère Abdalha m'accompagna jusqu'au pont redouté.

Mais, en dehors de ceux qui sont près des fermes et sont employés par les colons, la généralité des indigènes est formée de gens, sinon bandits, du moins toujours prêts à profiter d'une occasion pour nuire à un Européen.

Revenant du Ref-Ref, un de mes amis s'était égaré. Il était nouveau venu et peu connu des Arabes des environs. Voyant ainsi un roumi à la tombée de la nuit, un Arabe s'approcha, lui parla comme pour l'accompagner. Mais, arrivé dans un creux de ravin parfaitement isolé, il saisit la bride du cheval en disant au cavalier : « Tu as de l'argent? — Oui, lui répondit mon ami, en le visant avec son revolver, voilà mon porte-monnaie. »

Ce même voisin cherchait un indigène pour être son garde. Un vint s'offrir ; les gages lui allaient ; mais, avant de s'engager, il mit cette condition : « Je veux bien être ton garde, lui dit-il, je dois répondre de toi et devant Dieu et devant ton père qui est un homme juste et bon, que j'estime beaucoup ; il faut de ton côté que tu me promettes de ne jamais sortir la nuit sans moi, de me laisser tirer sur le premier Arabe que je verrai ou sentirai te menacer, et sans en rien dire à la justice. »

Individuellement ainsi, il se trouve des indigènes qui sont attachés aux colons ; mais ils ne font pas parade de leurs sympathies à leurs coreligionnaires pour les roumis ; et, en masse, ils se montrent hostiles ou indifférents.

Je faisais émonder des vignes trop vigoureuses. Parmi les ouvriers était un Ben-Chattoui que j'avais eu comme gardien de vignes. Une nuit, je l'avais pris avec moi, et gaillardement il avait fait le coup de feu contre une bande de pillards indigènes.

Je m'étais écarté derrière des broussailles. Je pouvais encore entendre distinctement la conversation des travailleurs. J'entendis Ben-Chattoui, à chaque fois qu'il coupait une tête de pied de vigne, répéter : « Tête de chrétien ! »

Revenu et voyant un ouvrier hésiter dans son travail, je lui dis : « Allons donc ! coupe-moi ça hardiment, comme si c'était une tête de chrétien ! »

Ben-Chattoui, étonné d'abord, m'examina en souriant. Je me mis à rire et à lui dire : « Imbécile ! peux-tu supposer que cette terre, que vous avez prise autrefois à nos pères — les Romains — ne nous soit pas à jamais revenue ? Si les Français la perdaient, vous et nous, nous aurions les Anglais ou les Italiens.

— Les Anglais sont — wouar — mauvais.

— Et les Italiens ?

Il cracha à terre, ainsi que tous ses voisins, et jura : « Inâhal din el macarône ! »

Mais c'est surtout pendant les moissons que l'on peut mieux juger de leur hostilité encore persistante, lorsqu'ils se trouvent en foule. Dans les vallées où sont les villages, les routes et les fermes, les montagnards descendent et viennent souvent de fort loin. Beaucoup sont *Khrouane*, sectaires d'une association religieuse dont la base est la haine de l'infidèle. Aussi se targuent-ils devant leurs coreligionaires des vallées, employés par les colons et un peu tièdes, d'un grand zèle religieux.

Les moissonneurs chantent beaucoup, des chansons amoureuses ou religieuses. Généralement ces dernières sont des variations sur ce thème : « Quand le soleil se lèvera-t-il pour éclairer la grande bataille? quand la guerre sainte éclatera-t-elle, pour faire couler le sang des infidèles ainsi que les sources des montagnes?... »

Un colosse du Beni-Menna au milieu des moisonneurs avait commencé une chanson très vive sur ce motif. Tous les autres Arabes ne soufflaient mot. Cet étranger ignorait, sans doute, que je pouvais le comprendre. A la fin, impatienté, je m'approchais de lui et lui dit : « Puisque tu chantes la guerre et souhaites ma mort, retire-toi d'ici. »

Il fut tout penaud ; un de ses voisins intercéda pour lui : « C'est un barrani, m'expliquait-il ; il chante ce que ses pères ont chanté. »

— Mais moi, lui répliquai-je, dont le père a peut-être fait tuer plus d'Arabes que tu n'as de cheveux, est-ce que vous m'entendez souhaiter seulement la mort d'un seul Arabe? Nos pères « ont eu leurs colères » ; ils sont morts ; pourquoi réveiller entre nous la haine? Tu travailles bien, je te paie exactement ; que veux-tu de moi encore ? »

Les Arabes sont très appréciateurs du sang-froid et de la forme sentencieuse ; aussi tous les moissonneurs furent-ils fort satisfaits de mes paroles, et me prièrent-ils, par pitié, de laisser continuer le braillard de la montagne.

J'en profitai, pour lui faire faire les corvées les plus pénibles; et le soir, à la fin de la journée, au moment où tous les hommes passaient auprès de moi me saluer, il me dit : « Beslêma ya, Sidi! Bonsoir, seigneur! » Tandis que les autres, d'une politesse plus froide, se contentaient de dire : « Beslêma, mahalem! — Bonsoir, patron! »

Quand ils étaient ainsi par grandes bandes et que j'étais avec eux, une de leurs joies était, le jour de marché, d'attendre les voitures des Juifs de Constantine, remontant à la gare avec leurs gros ballots blancs. Dès qu'ils les voyaient, ils poussaient des cris, leur lançaient des imprécations. « Eh! Ou! Atahou! » criaient-ils; et, en me voyant sourire, ils ne manquaient jamais de m'insinuer : « Ce sont les Juifs, des citoyens français, tes égaux, tes frères! »

Je protestais énergiquement; je partageais leurs imprécations. Alors, tous, les yeux brillant de joie, se tournaient vers moi; puis, plus hardiment, ils attaquaient l'ouvrage. Les dos se baissaient davantage, les faucilles sciaient plus vivement le blé; toute la bande des moissonneurs avançait plus vite, couchée et poussée par le souffle d'une mutuelle sympathie, inspirée par une même haine, vis-à-vis d'un ennemi commun.

XIV

La France, certes, a commis des fautes en Algérie. Qui pourrait le nier? Mais au sujet de sa manière d'agir avec les indigènes, faut-il la condamner? Les Arabes sont vicieux, brigands, voleurs, soit ; mais il faut songer que ces gens-là n'ont pas encore pu prendre leurs degrés de morale, et qu'il y a cinquante ans ils vivaient en pleine barbarie. Le fanatisme religieux qu'entretient et justifie l'injustice du gouvernement français, est l'ennemi le plus à craindre. Le jour où il pourra s'atténuer, les deux peuples se rapprocheront. Aussi, loin de déplorer cette commisération de la France vis-à-vis de cette race, encore à l'état d'enfance, au point de vue de la civilisation, doit-on la louer.

Le Français, après s'être montré si brave pour conquérir le pays, s'est montré aimable après les luttes ; qu'il continue à être surtout juste. En raison même du caractère rétif des indigènes, pensons que ce n'est pas avec du vinaigre qu'on attrape les mouches; pensons aussi que si les colons se plaignent si fort de leurs vols, de leurs rapines, à côté de ces bandits des montagnes comme de nos escarpes des villes, il y a d'autres hommes qui sont dignes de notre amitié, et qui, en face de la mort, sur le champ de bataille, autour du drapeau français, se sont montrés nos vrais frères et nos émules. Le sang de Reischoffen, de Wissembourg, de combien de batailles de 1870, et récemment du Tonkin, le sang qui a coulé là était un sang mélangé de Français et d'Arabes, et personne n'aurait pu distinguer l'un de l'autre : ils coulaient tous les deux avec la même force, avaient été donnés avec la même abnégation et un égal courage.

César, après la conquête définitive des Gaules, a-t-il hésité à former de Gaulois toute une légion, *l'Alouette*, bientôt devenue célèbre ; et depuis, les Gaulois ne sont-ils pas restés les plus fermes alliés de Rome, ses soldats les plus intrépides ?

Et parmi ces « biquots », comme les appellent ces diables de colons, n'y en a-t-il pas de notre sang? L'Algérie a été une terre tellement riche jadis, toujours si amoureusement caressée par le soleil, que toutes les races y sont venues tour à tour.

D'abord, il y a les Kabyles, peuple absolument distinct des Arabes, par ses traits et par ses mœurs, se rapprochant beaucoup des Européens.

On trouve souvent des ressemblances frappantes avec

certains types de France. Que de fois ne m'est-il pas arrivé d'en examiner un et de dire : « On dirait un Breton, un bon Beauceron. »

J'allais une fois pour reconnaître des ruines que les Arabes m'avaient indiquées. J'allais pendant de longues heures dans un pays, où, de loin en loin, j'apercevais quelque fumée de gourbis, des champs de blé superbe, encaissés dans d'immenses broussailles de lentisques et de myrtes, et j'arrivais enfin près d'un amas de pierres de taille. Là, devait s'élever une petite ville : et partout la nature avait envahi ces débris ; la terre les avait recouverts en partie.

Parmi les inscriptions assez lisibles d'un temple, nous trouvâmes le nom de la cité ; et quel ne fut pas notre étonnement en voyant : « Celtia. » — La Celtique. — C'était donc une colonie de Celtes, de Bretons, qui avait été placée là — quelques déportés de l'époque.

Et alors, dans ces montagnes voisines, où les habitants des villes, sous les invasions multiples, avaient dû s'enfuir et trouver un refuge, c'étaient donc des frères, des Bretons emportés loin du sol de la patrie. Au milieu de tant de désastres, ils avaient perdu leur langue, leur nom et jusqu'au souvenir des ancêtres, sans doute morts, en souhaitant notre venue comme libérateurs, avec notre drapeau fait des couleurs de la vieille Gaule : du bleu, image de son ciel ; du rouge, rappelant son vin, sa gaieté, son sang, son courage ; enfin du blanc, image de la lumière, de l'innocence du cœur et de l'éclat de l'intelligence !

Leur mémoire avait tout oublié : langage et origine ; leur sang a été plus fidèle, et en 1870, sur le champ de bataille, il a décelé sa race.

En France, les Arabes ont trouvé beaucoup de sympathies ; ceux qui y sont venus étaient généralement dignes d'estime. Pour les colons, je le répète, après avoir éreinté l'Arabe en public, — et c'est pour cette raison que j'ai reproduit la sortie du colon, parce qu'elle est vraie, qu'elle est un document, — ils conviennent cependant, avec la meilleure grâce, qu'ils ne sont pas tous à pendre, et que, sans eux, leurs propriétés n'iraient guère ; ils reconnaissent aussi un grand nombre d'Arabes — fanatisme supprimé — bons, comme nature, ne cherchant pas à faire aux autres ce qu'ils ne voudraient pas qu'on leur fît à eux-mêmes, civilisables enfin.

Acerbe est leur critique. Ils jalousent les indigènes, ainsi qu'un fils de famille jalouse un bâtard, comme le fils d'un patricien de Rome eût méprisé et conspué un esclave, choyé et favorisé par sa mère.

Mais il est juste de dire que toutes les fois qu'on essaye devant eux d'émettre de ces réflexions et d'espérer une entente prochaine, ils vous répondent en vous montrant soit les traces d'un trou fait dans leurs murs pour les voler, soit un monceau grisâtre de cendres, débris d'une meule de blé incendiée, en vous nommant le nom d'un ami, d'un voisin assassiné ; arguments péremptoires, véritables pavés, capables de rabattre l'essor de toute imagination trop sublime, ambitieuse de s'élever dans les régions de l'idéal de la philanthropie, au-dessus du terre-à-terre, du fait accompli et du terrain de la dure nécessité ; — arguments qui militent, il faut l'avouer, en faveur de leur haine et de leur colère.

Naturellement, dès le commencement des relations des deux races, des heurts ont eu lieu ; mais, des deux côtés, les esprits les plus éclairés se sont rapprochés ; le temps, une longue justice, ramènera le reste, et plus tard, il ne restera que les rétifs et les rebelles ; le grain sera séparé de l'ivraie ; alors, il faut l'espérer, en toute petite minorité et digne du feu et du vent.

Déjà depuis longtemps l'élite de l'aristocratie arabe s'est empressée de se rapprocher le plus qu'elle pouvait. Dès 1860, les grands chefs vinrent à la cour. Leur éducation, leurs sentiments, les faisaient Français du premier abord. Aujourd'hui, dans les villes, vous trouvez dans les cafés de bons citadins indigènes, qui sont de bons bourgeois, tout à fait comme ceux de la rue du Sentier. Mais avec une grande qualité que ne peuvent pas avoir leurs collègues de Paris : ils ne s'occupent pas des mesquineries politiques. Ainsi, après les aristocrates, les bourgeois se francisent ; la masse viendra à son tour avec le temps, surtout si l'on s'applique à lui donner des juges et des administrateurs instruits, les connaissants déjà, et honnêtes ; si l'on cesse de froisser leur amour-propre; s'ils voient les Français devenir les protecteurs intelligents de leurs intérêts.

L'aristocratie était venue la première ; les grands chefs, malgré ces siècles écoulés dans la barbarie, gardaient la tradition du moyen âge et de la chevalerie. Parmi eux, Mokrani, bacha-agha de Kabylie, était certainement le plus remarquable. Il prétendait descendre des Montmorency. L'on m'a assuré avoir trouvé en effet, un Montmorency disparu et qui serait la souche de cette famille. Cette prétention et cette légende peuvent paraître vraies quand on a vu Mokrani et lorsqu'on se rappelle sa conduite en 1870.

Débordé, sentant les Kabyles, encore barbares, poussés à la révolte par une véritable folie, il renvoya ses décorations au capitaine de Bordj, et l'avertit de se tenir sur ses gardes : la guerre étant déclarée. Sur ces entrefaites, il apprend qu'un entrepreneur était avec tout son chantier campé près des Portes-de-Fer. Pour le sauver, il n'hésite pas un seul instant, et, avant que la révolte, pareille à la mer déchaînée, ne se soit soulevée pour se répandre, il court au chantier et trouve l'entrepreneur, Brunel, je crois, car je suis le premier, peut-être, à citer ce fait.

« Il faut partir aussitôt, lui dit-il ; dans deux heures les Kabyles vont venir et tout sera massacré.

— Mais je n'ai pas d'argent pour faire la paye, et pas un ouvrier ne voudra partir sans son compte.

— Combien vous faut-il ?

— 4,000 francs au moins.

— Les voilà ! lui dit Mokrani, et dépêchez-vous. »

Ce trait est assez noble et généreux ; il peint l'homme et montre que la France, si elle eut un adversaire dans Mokrani, n'eut jamais un ennemi. Il était bien digne de l'estime et de l'amitié que les Français, qui l'avaient connu autrefois, lui avaient donnée.

Bien que je fusse fort jeune quand j'ai vu Mokrani, je me le rappelle très bien ; sa physionomie avait séduit ma jeune imagination, et me l'avait fait remarquer au milieu de tant d'autres ; j'avais été frappé par son amabilité, la finesse de ses traits et de sa main — une main de duchesse.

Voici un autre exemple, tiré du peuple. Le gaillard, dont je vais raconter la fin, pouvait bien se dire égal en bravoure, en fierté et même en patriotisme, à bien des Français.

C'était à Magdebourg ; tous les jours un sergent de tirailleurs allait à la cuisine du camp, dirigée par les Allemands, chercher la nourriture de ses hommes. Une fois, mécontent sans doute des saletés que les Teutons voulaient leur faire avaler, il se plaint à l'officier, qui, pour toute réponse, croyant avoir affaire à une brute sous ses ordres, lui allonge un soufflet.

A cet outrage, le turco se recule, toise le Prussien, et avec une force inouïe, jointe à une agilité incroyable, empoigne l'officier, l'enlève, et, le tournant en l'air, le plonge, la tête la première, dans une de ces immenses chaudières remplies d'eau bouillante.

L'officier fut asphyxié net. Le lendemain, le turco fut fusillé. Il marcha avec un dédain superbe à la mort, et pour donner le signal du feu, lança en l'air sa calotte rouge en criant : « Vive la France ! »

XV

Revenus à Biskra pour le déjeuner, les touristes repartirent, après, visiter le quartier des Naeliètes.

Dans une grande rue tirée au cordeau, aux maisons propres, blanchies à la chaux, sur presque toutes les portes, on voit une ou plusieurs femmes assises ou debout, habillées, parées comme une catholique, le dimanche, une actrice, dans sa loge.

Elles vous regardent de leurs grands yeux noirs, luisants, comme ceux de la louve, *quærens quem devoret.* Si vous approchez, pour examiner leur habillement et leur figure, elles vous disent, en vous montrant les perles de leurs dents dans le corail éclatant de leur bouche, et, de singulières lueurs dans leurs prunelles noires : « *Ti ni par piyé cafy ? niquo bono !* » Vous regardez curieusement ces gandouras, ces grandes robes de laine de couleurs vives, avec la ceinture de cordonnet grenat serrant fortement leur taille ; puis leurs pieds nus, bien faits, aux ongles teints de henné ; leurs bras nus chargés de gros bracelets massifs d'argent et même d'or; leur coiffure énorme, bizarre, encadrant leur figure souvent jeune, aux traits assez réguliers, où l'on voit de belles lignes. Tout cela vous attire, sur le moment, et, en les examinant, vous cherchez dans vos souvenirs une comparaison avec les mêmes femmes, hétaïres, de l'Europe.

Ce qui frappe, c'est leur air digne, disait l'ingénieur; elles n'ont pas de honte ; tout au contraire : on dirait, que c'est avec un dessous de soupçon d'orgueil, qu'elles viennent, dans ce pays, offrir ainsi leur jeunesse et leurs charmes. Quelle différence avec ces pauvres malheureuses filles Elisa des villes de France ! La femme, je ne dirai pas galante, mais la femme publique, la fille de joie la plus vulgaire des musulmanes, n'a jamais ce caractère honteux, abject que sa collègue d'Europe a souvent. Au contraire, loin d'éprouver le mépris et de subir celui du peuple, elle semble, vraiment comme une prêtresse de Vénus, passée à travers les siècles, remplir un sacerdoce. Certainement, dans ses jurons, dans ses malédictions, le peuple là-bas, comme en Europe, se sert de sa qualité, de son nom, pour exprimer l'injure; mais il garde près d'elle une sorte de considération pour son œuvre ; il la reconnaît la prêtresse d'une puissance de la vie. Aussi donc, loin de se sentir méprisée, elle n'a pas cet abrutissement que donne la honte ; elle garde une dignité, un respect pour soi, et une *respectabiltiy* prononcée. A ce sujet, l'Algérien disait à ses compagnons : « N'avez-vous pas été étonnés de la bienséance des Mauresques de Constantine ; n'avez-vous pas remarqué une façon de recevoir, une aisance de manières, qui ne peut convenir qu'aux personnes qui ont leur propre estime et sont habituées à être considérées ? Laborieuses et économes, achetant des maisons, protégeant leur famille, souvent après dix ans d'exercice souriant à l'Hymen, sans tapage ni scandale, dans une vie régulière, elles suivent leur destinée. Aussi, semblent-elles avoir gagné la sympathie des Européennes, femmes du monde.

Que diriez-vous, en effet, si en France, lors d'une grande fête, pour une kermesse, on invitait à venir danser devant tout ce qu'il y aurait de plus *select* comme femmes et jeunes filles, accompagnées de leurs époux et frères, les Floras de la ville ? Eh ! bien, j'ai vu à Alger, lors des grandes fêtes d'hiver, une fête mauresque à laquelle assistait le dessus du panier de la colonie anglaise, américaine, française, des hiverneurs, et où figuraient plusieurs danses exécutées par les Fatmas de la rue de la Kasba. Comment expliquer cette sorte d'aberration ? Faut-il redire : « Vérité au delà, erreur en deçà ? » ou plutôt croire à l'autorité de la bonne opinion que ces Mauresques ont d'elles-mêmes et qui en impose ? Faut-il encore attribuer cette sympathie des Européennes pour elles à la réputation très méritée de la pureté de leurs mœurs ?

Ah ! me diriez-vous, la chose est un peu forte ! Cependant elle est. Oui, la musulmane, fille de joie, à des mœurs rigides. N'allez jamais lui demander certaines excentricités, certaines coquetteries dans les caresses qui égaient et pimentent les baisers. Car elle vous regardera subitement avec son grand œil noir, profond et si dur dans sa colère, que vous en serez tout interloqué.

Prêtresse de l'amour, elle n'a qu'un rite et n'en veut point d'autres. Elle n'est ni impudique, ni débauchée. Loin d'elle aussi tout soupçon d'amours étranges. Le nom de Sapho lui est connu ; et ce n'est pas pour elles que Gondeau aurait pu écrire son fameux sonnet à *Lesbie — Notre dame de Lorette.* »

Tout en déambulant, les trois promeneurs continuaient à examiner ces portes pleines de femmes, en attendant le retour du guide parti pour prévenir les danseuses. La conversation tomba sur la danse arabe. La danse du ventre n'en est qu'une grotesque exagération, telle qu'on l'a vue exécutée en France, à l'Exposition, et telle qu'on la voit même en Afrique devant le public chrétien, profane. « Cette chorégraphie, grossièrement désarticulée, n'est pas la vraie danse orientale, pas plus que la danse française n'est représentée par le chahut de Grille-d'Egout et de la Sauterelle, disait à ses amis fort justement l'Algérien.

Le pas de l'Amour, dans un ballet de Faunes, consisterait-il seulement en des contractions, des contorsions des muscles fessiers des danseurs? Cette danse, telle que les roulures des « sous-préfectures » d'Alger, embauchées par des Juifs, l'exécutent dans des baraques en France, est atroce, abjecte même, parce que les préludes manquent; et, ainsi que très souvent dans l'amour, la fin, terminée par des ivresses âcres, est moins délicieuse, désirable et enivrante que les commencements, si pleins de tâtonnements charmants, d'attaques subtiles, de surprises émotionnantes et inespérées.

Hier au soir, qu'avez-vous vu dès le début des danseuses du café? presque immédiatement des contorsions du torse, des roulements de hanches et comme des hoquets du bassin. Telle est en effet la danse du ventre; mais, je le répète, telle n'est pas la danse de l'Orient. Je vais essayer de vous la faire voir avec les Naeliètes pour peu qu'elles fassent preuve d'un peu de bonne volonté à mon égard pour moi, qui, connaissant leur langue et habitant le pays, n'est pas un complet profane.

Ne vous faites pourtant pas d'illusion; je ne voudrais pas vous offrir la peau de l'ours avant de l'avoir tué, avouant que j'ai rarement vu exécuter cette danse convenablement par des « filles ». Je ne l'ai vue rendue avec passion, que dans des noces, non par des danseuses de profession, mais par les femmes mariées et les filles de famille.

Ce n'est ni pour le gain, ni pour leur baraque qu'elles s'y livrent, mais pour elles-mêmes, pour leurs amants, leurs maris et leurs rivales, qu'elles veulent captiver, exciter ou surpasser.

Voici des femmes, en effet, dont la vie s'écoule loin des hommes, de leur contact et presque de leur vue; elles saisissent avec empressement l'occasion d'une noce ou d'une fête pour se montrer quelques instants avec toutes les séductions, que leur habileté dans la danse développent.

Après avoir examiné à travers les barreaux de leurs fenêtres, ou les haiks transparents des tentes, les ébats de celles qui les ont précédées, saisi les battements des paupières des hommes, l'ardeur de leurs yeux, de quels efforts ne sont-elles pas capables pour mieux exprimer, avec art et passion, les mouvements voluptueux de leur corps qui donnent à leur beauté des fascinations étranges et enivrent ceux qui les contemplent!

Les danses françaises ne sont en somme qu'une sorte de gymnastique, en mesure, des jambes et des pieds; ce sont, si je puis m'exprimer ainsi, des danses actives, qu'il faut danser soi-même, et dont le charme est la sensation de la femme sur l'homme; de pouvoir en sautant, en tournant, tenir dans ses bras, — comme si c'était un avant-goût de la possession, — un être d'un autre sexe que l'on désire et que l'on aime. La danse orientale est passive; on ne fait que la voir; on la subit.

Mais, si elle ne vous procure pas le contact de l'épiderme d'une femme, au lieu d'une sauterie, elle vous offre dans toutes ses phases la reproduction de l'ivresse amoureuse chez la femme. Ce n'est pas seulement le corps que vous voyez dans la danseuse; vous devez aussi pouvoir, par ses mouvements, saisir les changements de son âme que toute sa personne doit exprimer. Ce sont les bouts des doigts de la main qui, à certains moments, remuent, s'agitent pour les caresses, comme ceux des baigneurs plongés dans l'eau s'agitent avec délices pour mieux sentir l'eau dans laquelle ils sont plongés; ce sont les longs cils noirs battant sur l'œil vif, sombre ou humide de larmes, qui cachent ou dévoilent tour à tour le feu de la passion; ce sont les lèvres serrées ou entr'ouvertes qui vous disent sa soif ardente ou étanchée; ce sont ses genoux rapprochés ou écartés, selon que le plaisir pour elle se dérobe, se cabre, ou court, bride abattue; ce sont jusqu'à ses doigts de pied teints de henné orange qui frétillent ou se crispent selon qu'elle désire où qu'elle est heureuse; c'est ainsi que chacun de ses membres peut et doit vous peindre et vous communiquer l'état de son cœur, en vous offrant enfin l'image la plus vive de l'amour heureux. »

Depuis quelques instants, le guide était venu rejoindre ses clients pour leur annoncer que les danseuses étaient prévenues et attendaient.

XVI

Dans une petite rue transversale, au bout des rues bruyantes, ils le suivirent. Il s'arrêta devant une petite maison et leur montra, à l'intérieur de la porte, l'escalier formé de trois marches. Après les avoir salués, il se dirigea jusqu'à un café voisin, en attendant leur sortie.

Au haut des marches, une femme âgée leur fit signe de monter; un joli bras nu tirant un coin du rideau rouge, servant de porte, apparut; puis, la figure d'une jeune fille, encadrée d'un foulard écarlate, qui appela : « Halla! ya krouya! » (Monte, mon frère!) Sans doute prévenue qu'un des visiteurs était Algérien.

C'était une chambre assez grande aux murs nus blanchis au lait de chaux. Une seule croisée, une lucarne plutôt, donnait du jour. Au fond il y avait un grand lit de fer à la française avec un sommier, et recouvert d'un dessus de cretonne rouge à grands ramages.

Une natte d'alfa entourait le bas des murs; un tapis

du *Souf* couvrait en partie le milieu de la chambre. En face du lit, contre le mur, des coussins pour s'asseoir étaient rangés. Pendue au mur, une méchante petite glace finissait tout ce décor.

A ajouter, un bahut placé entre la porte et le lit. et sur lequel s'assied un grand gamin de quinze à dix-sept ans.

Les visiteurs s'assayent à la turque sur les coussins. Les petites s'approchent et se mettent à causer avec le colon.

Elles sont vêtues de simples gaudouras de laine de couleur avec une chemise de coton blanc en dessous. Comme ceinture elles n'ont qu'un foulard. Elles paraissent être juste de la hauteur de la Vénus de Médicis, un mètre quarante centimètres, elles sont un peu brunes, mais vraiment jolies, une surtout, et très jeunes.

Assises en face de leurs visiteurs, elles fumaient en écoutant le colon, riaient de bon cœur à ses compliments en montrant leur joyeux caractère et aussi les perles admirables enchâssées dans le corail si brillant de leurs bouches.

Après bien des cigarettes grillées, maints verres vidés, elles se levèrent pour commencer leur danse.

Le jeune gamin était revenu avec une grande flûte en roseau. Il s'installa sur le bahut, un genou en l'air. La vieille femme, qui après avoir salué l'entrée des voyageurs s'était assise silencieuse, prit un tambourin et retourna s'asseoir au fond de la chambre, la figure empreinte d'une grande expression de bonté et de satisfaction en regardant tour à tour les danseuses et leurs visiteurs.

Après quelques balancements du corps, pour prendre le pas, leurs gandouras disparurent. Mais cette simplicité dans les mouvements, pour se dévêtir, éloigne l'idée de lubricité. Leur nudité n'apparaît pas impudique; mais elle confond, vous oppresse d'étonnement, excite seulement vos yeux et votre imagination comme le ferait la vue, dans un cirque, d'une admirable pouliche arabe lâchée en toute liberté, sans bride, sans selle. C'est une beauté particulière, inconnue à vos yeux; ce sont d'autres traits qui vous étonnent par la pure harmonie des contours et la solidité de la facture. Ce que l'on peut dire aussi, c'est que ces filles ont, au delà de toute expression, le piment de la puberté dans sa floraison enivrante.

C'est en voyant une de ces filles du désert que Gautier a écrit cette ravissante *Carmen*, que la vue de ces jeunes Ouled-Naïl rappelle si bien :

> Carmen est maigre — un teint de bistre
> Cerne son œil de Gitana;
> Ses cheveux sont d'un noir sinistre;
> Sa peau, le Diable la tanna.
> Les femmes disent qu'elle est laide,
> Mais tous les hommes en sont fous,
> Et l'archevêque de Tolède

Chante la messe à ses genoux:
Car, sur sa nuque d'ambre-fauve,
Se tort un énorme chignon
Qui, dénoué, fait dans l'alcôve
Une mante à son corps mignon.
Et parmi sa pâleur éclate
Une bouche aux rires vainqueurs,
Piment rouge, fleur écarlate
Qui prend sa pourpre au sang du cœur.
Ainsi faite, la moricaude
Bat les plus altières beautés,
Et de ses yeux la lueur chaude,
Rend la flamme aux satiétés.
Elle a dans sa laideur piquante
Un grain de sel de cette mer,
D'où jaillit nue et provoquante,
L'âcre Vénus, du gouffre amer.

Pour être fidèle à sa promesse, le colon avait cajolé de son mieux les danseuses. Elles avaient promis de se mettre bien en train; aussi demandèrent-elles de l'anisette et du champagne.

Pour donner une idée de cette danse saharienne, j'offre la description qu'en fit l'Algérien à ses amis.

— Tout d'abord, disait-il, rien ne paraît dans les mouvements des danseuses; ce sont simplement des femmes qui se promènent sans désirs, sans but; elles marchent insouciantes et nonchalamment. Mais un homme est apparu; et aussitôt la femme devient coquette. On la regarde, elle cherche à plaire, et fait onduler son corps pour fixer le regard sur elle. Les bras s'élèvent; ils ap-

9.

pellent, s'arrondissent et esquissent, avec la tête et les épaules, ces tours, ces courbes qui constituent la fascination de la femme, de la femelle.

De coquette, sentant le regard de l'homme pris et attiré sur elle, la voilà qui devient provocante, mais à froid. Puis, elle sent la passion s'allumer chez le mâle, et elle l'excite encore en se jouant. Les mouvements sont plus précipités, les bras s'ouvrent davantage, les cuisses se meuvent, les reins vont bientôt s'émouvoir.

Mais quoi? la danseuse pirouette de chaque côté, agite les mouchoirs qu'elle a en main, brusquement, en signe d'adieu, et faisant une moue des lèvres, une dénégation de la tête, elle recommence à marcher.

Qu'est-ce? Sinon l'image de la suite des provocations de la femme : lorsqu'elle s'aperçoit qu'elle a réussi, elle s'enfuit, abandonne sa victime pour s'en faire suivre, pour se l'attacher par le désir contrarié.

Indifférente d'abord, puis rieuse, badine, moqueuse, elle continue après à provoquer, à exciter, refaisant ce jeu, répétant ces mouvements ondulés, jusqu'à ce que la passion qu'elle a allumé la gagne et la brûle à son tour. C'est alors que l'on sent non seulement du plaisir à la regarder, mais une émotion, une ivresse vous saisir. Car, ce n'est plus simplement une femme qui tourne, danse devant vous, mais c'est une femme amoureuse saisie de ce délire qui fait le charme de la vie.

Après avoir beaucoup aimé une femme, après l'avoir

longtemps désirée, quand vous êtes parvenu à la posséder, de son heureuse ivresse vous faisant un spectacle, n'avez-vous pas éprouvé des sensations exquises? Ne vous est-il pas alors souvent arrivé d'étudier et d'admirer toutes ces phases par lesquelles la volupté agite son corps et l'emporte radieuse et transfigurée?

Eh bien, sans les embarras du servage de l'amour, ce spectacle, vous pouvez le voir avec les danseuses. Maintenant la danseuse est prise; ce n'est plus la coquette, c'est l'amoureuse. La passion qu'elle a cherché à provoquer par ses premiers mouvements la gagne, la brûle; le feu circule dans ses veines; elle veut aimer. Voici les bras qui s'avancent, tremblants, de désirs pour saisir l'amant. Ils s'allongent, ils se resserrent comme dans un embrassement. Son cou se gonfle, sa tête, comme sous les baisers et sur le bras de l'homme, se renverse; sa poitrine devient haletante. Toute sa fureur, toutes ses forces ne sont plus dans ses mains, dans ses pieds qui appelaient, battant d'impatience. Ses bras n'ont plus leurs ondulations pour charmer, mais ils se tendent.

La passion avait d'abord gagné son cœur par le désir; maintenant son désir est à moitié satisfait, elle se sent comme entourée de caresses. Elle est arrivée à son but; et plus elle avance, plus ses mouvements se concentrent là, où elle met son plaisir. Ses pieds sont immobiles, ses jambes tendues; ses bras vont bientôt se raidir comme ceux de la *Salambo*, de Ferrier. Sa poitrine houleuse s'apaise; seuls ses reins, ses hanches ondulent, frémissent; son ventre tressaille dans une crispation violente et continuelle.

En face de nous elles viennent souriantes s'offrir et nous dire : « Venez! » Elles ressemblent aux chèvres qui la journée entière ont pâturé parmi les cytises et l'arbousier, et reviennent le soir les mamelles gonflées, appelant avec force leurs chevreaux, pour les soulager.

Mais, comme ces appels sont vains, vis-à-vis de nous, la danseuse continue emportée par le tourbillon de sa passion, qui va d'elle-même s'assouvir. Ses flancs se rétrécissent et s'allongent, son ventre mis en élan par de puissants contre poids, dans un va-et-vient continuel, paraît attirer, étreindre, lâcher, et reserrer tour à tour. Ce mouvement va toujours crescendo ; subitement il s'arrête; tout le corps de la danseuse convulsé dans une secousse brusque s'est raidi et crispé. Cet arrêt dure un instant; puis la danseuse se retourne, recule de plusieurs pas, en couvrant sa figure en feu de ses mouchoirs ou de son bras; car elle a honte de son ivresse et de la fin de son délire, pareille à beaucoup de belles amoureuses qui se retournent et détestent être vues à l'instant où la volupté les touche de son aile.

Après cet arrêt, elle revient; mais alors, non plus frémissante, audacieuse, pousée par une sorte de rage: ses yeux sont plus fermés et plus noirs, ses bras libres ; tout son corps ondule avec grâce comme un arbre après la tempête frémit encore. Elle se rapproche de vous, avec un tout léger balancement, pour que vous voyiez combien grande a été son ivresse, et pour que vous sachiez que, loin d'être lasse à vouloir rester immobile, pour un regard, pour une caresse, pour une reprise de la mélopée voluptueuse de la flûte et du tambourin, elle est prête à surexciter ses sens, à reprendre cette danse dont les mouvements provoquent et soulagent son ivresse érotique.

Si l'on cherche les origines de cette danse, il faut remonter jusqu'à Sidon, aux siècles reculés de l'histoire des peuples de la Syrie où Astarté était adorée. Salomon, ce sage, selon les Pères de l'Eglise, ne reconnaissait pas comme Dieu absolu Jéhovah. Il adorait aussi cette divinité thyrienne. Il fit des sacrifices à Chamos, à Moloch. Le temple de Sion ne fut pas élevé seulement au Dieu de Jacob, comme on le croit vulgairement; c'était au contraire un vrai Panthéon. La principale divinité était Astarté, servie par sept cents jeunes prêtresses, espèce de vestales habitant les dépendances du temple, et trois cents autres jeunes filles d'un ordre moins élevé. En qualité de prêtresses de la déesse de l'Amour, elles donnaient leurs faveurs aux hommes qui venaient dans le temple honorer Astarté. Ainsi les Juives ont été jadis les prêtresses de cette divinité; elles gardent encore quelques-uns des rites de son culte. Si cette danse peut paraître, à vous chrétiens, tant soit peu païenne, sachez qu'elle fut mimée sur les parvis du saint temple. »

XVII

Les Naeliétes rassises et complimentées, les touristes sortirent pour continuer à visiter la ville de Biskra.

Une chose y frappe péniblement la vue : ce sont les condamnés militaires, avec leurs longues visières, leurs costumes gris, leurs figures patibulaires, toujours accompagnés d'un sous-officier, revolver au poing.

Ce spectacle sinistre et implacable, de la misère morale européenne, fait mal à voir et est un mauvais contraste avec tout ce tableau dont l'ensemble et les détails vous captivent et vous égayent.

Les promeneurs croisèrent justement un condamné militaire, mené par un sous-officier armé.

Sa figure indiquait un profond trouble; ses yeux, injectés de sang par la colère ou l'absinthe, n'avaient rien de rassurant.

Et si, au détour d'une rue, pensa l'un d'eux, il cherchait à se mutiner?

— Son compte serait vite réglé!

Comme on se récriait sur cette affirmation de l'Algérien, celui-ci ajouta :

— « Un de mes amis, frère d'un officier en garnison dans le Sud, vint passer quelques jours avec lui. Le soir, en devisant sur leurs amis d'enfance, ils vinrent à parler de leurs anciens camarades, et le nom de l'un d'eux revint à la mémoire du jeune homme qui en demanda des nouvelles à l'officier.

— «Un tel, répondit-il; eh! oui, il m'en souvient; un si joli blond, si amoureux, n'est-ce pas? et qui avait une mère si aimable, chez qui nous allions jouer et manger des confitures d'orange, n'est-ce pas? Eh! bien, il a mal fini, le pauvre! Il a fait des bêtises, s'étant engagé au régiment de chasseurs, après avoir échoué à Saint-Cyr. Il fit la cour à la maîtresse d'un chef, et, de sottises en sottises, il a passé au conseil de guerre. Sa mère était morte; il se trouvait sans soutien ni protections à Paris; aussi l'a-t-on envoyé aux grandes visières. Là, le contact du vice l'a lancé dans l'absinthe, et un jour qu'il était un peu allumé, pour un pari, pour une véritable gaminerie à faire à un supérieur dans un camp, il frappa du pied la figure du sous-officier, lequel, étourdi et usant parfaitement de son droit, lui brûla la cervelle!

Dans certains quartiers de Biskra, l'on ne voit que des

femmes, des Arabes, et dans d'autres que des étrangers; Et certaines rues sont presque désertes au milieu du jour.

Mais un coin charmant, c'est l'école, au moment de la sortie des enfants. Tous ces bambins arabes parlent tous bien le français; le Biskri n'est pas rebelle à la civilisation, comme l'Arabe du Sahel. Ils sont ravissants d'entrain, de santé. A côté des négrillons, il en est d'autres, frais et roses comme des Français, mais avec je ne sais quel éclat à part dans les yeux et quelle solidité de couleur dans leur carnation qui, à cet âge, font songer aux belles peaux des femmes et des filles du Sud. Ils rappellent la description de l'Amour qu'a faite Moschus : « Sa peau n'est pas blanche, mais de la couleur de la flamme. » C'est à ce point que l'on croirait les Français auteurs de ce changement de teint; mais la séquestration des femmes, des bourgeoises biskriennes, laisse cette supposition peu probable.

Dans chaque ville, il y a un endroit tout particulier où l'on peut voir et étudier, une assez grande quantité de types d'indigènes, c'est le marché. Biskra en possède un assez beau, de construction carrée, on y vend des dattes, des céréales, des laines, des bibelots du Sahara et de la maroquinerie.

Impossible d'avoir été aux portes du désert, sans y acheter quelque chose; d'abord des boîtes, des coufins de dattes, pour expédier à la famille, puis les éventails en fil de palmier, des blagues en véritable filaly (cuir de Cordoue), des flissas, des sabres de Touaregs, et enfin des effets, des haiks et des tapis du Souf. Empilés dans une boutique, les trois amis examinaient et achetaient ce qui leur faisait envie. Un grand haik en laine blanche et en soie bleue, tentait surtout le sculpteur.

— Combien? demanda-t-il :

— 70 francs.

— Acheté aussi!

Et bientôt un gros paquet est entassé. Mais un burnous, un burnous demandaient les acheteurs au marchand. Le colon bouleversa la boutique, et choisit un gros burnous du Sud, d'une couleur un peu brune, tout laine, imperméable et fabriqué à Gardaïa. — Avec ça, dit-il à son cousin, tu peux passer en France pour un fils des grandes tentes; et, mieux que n'importe quel Arabe, aller à Paris, tirer l'œil de tout le Café américain, t'imposer dans les salons les plus difficiles, duper les femmes et les hommes politiques. L'habit ne fait pas le moine, dit-on, mais il le pare considérablement. Le burnous est ce que l'Arabe a de plus beau après le cheval. Il transforme et grandit l'homme.

Tu ne me crois pas! Jette ce burnous sur tes épaules, mets le capuchon, prends un air sombre, hautain et un peu sauvage? Fort bien! te voilà ainsi fils du Serpent du désert, et certes, grâce aux belles formes de ton corps et à la beauté mâle de ton visage, tu es certainement plus beau, — ne crains rien, je ne veux pas t'emprunter 1,000 louis! — que les Musulmans qui font tourner la tête à toutes les petites filles du boulevard de Strasbourg.

C'est une opinion parfaitement reçue en Europe, que les Arabes écrasent les Français par leur beauté. Ce qui frappe d'abord les femmes, c'est leur regard. Ils ont de beaux yeux noirs, des cils démesurément longs et forts bien fournis; mais ce qui surprend, c'est leur expression brutale et hautaine, cette façon de vous dévisager, ce qui, en France, est de fort mauvais ton.

Pour l'ensemble, leur costume les parc admirablement; et au milieu de nos vêtements étriqués et sombres, ces grands plis, d'une si belle ampleur les grandissent encore; mais détrompez-vous, l'homme ne vaut pas un Français ou un Russe. L'Arabe, sans son costume, habillé à la française, est d'une atroce tenue; il ne sait comment porter la tête et mettre les bras; tandis que tout Français, tout Algérien surtout qui a une figure, je ne dirai pas belle, mais seulement régulière, costumé en Arabe est superbe.

— Comme structure, l'Arabe bien fait a plus de finesse, de légèreté que le Français: le crâne est plus développé, et les traits de la figure plus accentués; mais ça ne rend pas les Arabes plus beaux que les Européens, car il en est beaucoup de fort laids, et leur laideur est le plus souvent affreuse. Toute leur réputation, il ne la doivent qu'au burnous.

— Mais pourquoi, vous Algériens, lui fit remarquer assez judicieusement l'un de ses amis, puisque vous reconnaissez à ce burnous tant de qualités, pourquoi ne l'avez-vous pas adopté?

— Pour ne ressembler ni aux Maltais, ni aux Arabes; nous avons pris pour l'intimité la gandoura, et ça paraît suffisant; je souhaite pourtant qu'on puisse s'habiller à l'arabe. C'es assez agréable quand il fait chaud; mais ce n'est pas toujours commode; car on est tant soit peu empêtré dans ce costume, surtout quaud vos occupations vous forcent quelquefois à mettre la main à la pâte. En un mot, c'est un costume essentiellement décoratif.

L'heure fixée pour le départ approchait et à mesure, chaque voyageur sentait augmenter en lui le chagrin causé par ce retour précipité. A chacun des derniers pas leur envie grandissait, de rester plus longtemps dans ce coin de terre, si plein de séductions pour les yeux et pour l'esprit. Des jours, des jours encore, souhaiterait-on pouvoir promener, à travers ces rues, sa curiosité. Heureux sont-ils ceux dont la vie libre peut rompre le programme tracé d'avance d'un voyage, et qui n'ont ni intérêts trop pressants, ni sentiments trop vifs, pour les ramener en hâte à leur foyer, les arracher des villes où l'on voudrait couler de longs jours enchantés au milieu des féeries de la lumière et des rêves!

Biskra! dans cet océan solide du désert, île de verdure, où tout paraît plus fort et plus vivant qu'ailleurs, terre entourée de ce sol maudit du Sahara où rien ne vit, pays des contrastes, du soleil, de poésie et des souvenirs étranges, quand te reverrai-je? Biskra, reine des oasis, vraie perle du Sahara, qui, en te quittant, n'a pas longtemps suivi des yeux le blanc de tes maisons basses, les chevelures vertes de tes palmiers, qui, alors, n'a pas senti son cœur se serrer, ses yeux se troubler, et, en regrettant son départ, souhaité te revoir!

XVIII

Le départ avait été fixé de manière à arriver au col de Sfa au coucher du soleil, pour profiter de ce spectacle unique.

Du sommet des montagnes où se trouve le col de Sfa, se découvre le désert. De cette hauteur, pendant le jour, apparaît, dans toute son immensité, cette terre bouleversée, stérile, abîmée par une formidable brûlure.

Deux mille ans après, tel que Ptolémée l'a décrit, l'aspect du désert, vu de ce passage, est le même. Il ressemble bien, en effet, avec ses oasis, formant sur son fond fauve une multitude de taches, à une peau de panthère. L'avenir, avec les chemins de fer et les puits artésiens, pourra modifier son état, mais son aspect ne changera pas ; et, tout homme, en arrivant à cet endroit, dominant et découvrant tout à coup le Sahara, sera toujours fortement impressionné.

En 1844, sur les premiers soldats qui y arrivèrent,

l'effet en fut immense. Depuis des jours et des nuits, la colonne marchait à travers ce désolant pays, si aride. Mais on allait prendre Biskra ; et cette pensée de conquête de l'inconnu, de l'étrange, d'un continent extraordinaire avait surexcité l'imagination et les forces des hommes. Arrivés à El-Outaya, il leur avait été annoncé qu'à la prochaine étape ils camperaient au désert.

Pour éviter la chaleur du jour, les soldats marchaient la nuit. En quittant El-Outaya apparaissaient devant eux dans le lointain les montagnes de Sfa. La distance qui les en séparait fut promptement franchie. A mesure qu'ils avançaient, l'aube pâlissait, et l'aurore éclatante, des ses lueurs empourprées, éclairait les arêtes violettes du col. Toute la colonne avait les yeux sur les premiers arrivés qui escaladèrent les flancs de la montagne. Puis, la ligne de marche fut rompue, et officiers et soldats s'élancèrent.

Arrivés au sommet, tous furent stupéfaits et restèrent muets d'émotion. Les troupiers ignorants, trompés par l'illusion, devant cette immensité houleuse qui s'étendait au-dessous d'eux et s'enfonçait à perte de vue, encore enveloppée dans les brumes des nuits sahariennes, s'écriaient : « La mer! la mer ! » Et après cette surprise du premier regard, chaque homme, s'asseyant à terre, restait les yeux fixés et perdus sur ce Sahara qui fascine et absorbe. C'est l'infini, l'étrange, dans tout le merveilleux de sa puissance.

Rien n'est moins rare et rien n'est plus enchanteur qu'un coucher de soleil, au Sahara, vu de ce col de Sfa, soit que des masses de gros nuages, nombreux pendant les mois d'hiver, soit que l'été, des échappées, des flocons seulement, viennent entourer, à sa descente, le roi brillant du jour. Au milieu des grandes masses ses rayons pénètrent en les éclairant différemment. Elles offrent des avalanches d'or de toutes nuances qui s'écroulent, des fournaises géantes, des montagnes féeriques, des mondes de formes étranges, où la lumière déploie toute sa magie.

On dirait que là, dans ce désert, où l'homme n'a ni horizons colorés et variés, ni tableaux frais de la nature des autres climats, le soleil et le ciel, de concert, veuillent lui donner, en compensation du triste spectacle que lui offre cette immensité nue et désolante, toutes les merveilles combinées de la couleur sur le monde fantastique des nuages.

Autour du col ce ne sont que des rochers blanchâtres aux formes prismatiques. Sur toute la ligne des hauteurs, la crête blanche s'aperçoit au loin comme un immense quai, rongé et défait par le temps, qui aurait servi à la mer emplissant autrefois l'espace qui s'étend tout le long, au bas de cette côte, et se perd bien au delà de l'horizon.

A l'ouest, cette chaîne s'efface peu à peu et finit par se confondre avec l'ensemble des terrains. A l'est, un massif de montagnes comme écroulées de la chaîne brune, couleur d'hématite, d'El-Kantara, s'aperçoit. L'ombre du soir les fait paraître bleues, avec diverses nuances allant du noir à l'indigo ; et, au milieu de ces masses sombres, des blocs gigantesques de rochers, frappés directement par les rayons du soleil, ressortent avec leur couleur propre, éclatent, vibrent, d'un jaune d'or pailleté de points blancs lumineux.

Plus au sud de ce massif, et plus rapprochée, l'Amar-Kaddou apparaît. C'est un haut piton conique qui s'élève solitaire dans le ciel, et dont les flancs, sous les rayons du soleil couchant, les éclairant en plein, prennent des couleurs d'un rouge vif.

Il paraît alors comme un immense tison, un brasier qui va se consumer, une montagne merveilleuse de minerai en fusion. Les Arabes l'appellent « la Joue rouge ».

Lentement le soleil s'abaisse, en changeant de couleur. En s'avançant dans son déclin, il n'a plus l'éclat éblouissant de l'or ; il devient rougeâtre.

Le ciel au méridien est absolument pur, mais d'un bleu plus pâle qu'il ne l'est à l'orient et au nord ; cette douceur, à mesure qu'il s'approche des environs de l'horizon où le soleil s'incline, graduellement s'adoucit.

Il devient d'un bleu cendré, d'une finesse exquise, d'une douceur d'opale avec le brillant et le chatoiement de la soie. Les nuages bien rares, survenus insensiblement, se détachent sur ce fond comme des fleurs étranges d'étoffes de satin de Chine, à chaque instant variant de nuances, passant par les gammes les plus merveilleuses des couleurs inconnues et inouïes, comme seule la lumière du désert, dans cette atmosphère surchauffée et diaphane, peut en produire, pour l'enchantement des yeux et de l'imagination.

A mesure que le soleil baisse, les nuages se rapprochent de la terre. L'atmosphère, avec tous ses atomes en mouvement, se dilate, s'émeut, grossit tous les objets, et le soleil alors, près de toucher à la ligne de l'horizon, paraît avoir augmenté sa grandeur. En roi, il disparaît, lançant de son front, sur toute cette immensité jaunâtre, ses longs et derniers rayons qui forment des nappes de lumière à côté des ombres formées par les inégalités de terrains. A l'orient, au fond du désert, aussitôt son départ, les vapeurs d'eau se condensent : un brouillard se forme ; et on voit venir. se déroulant sur la terre, pareil à la brume qui s'étend sur les océans, un nuage immense ; c'est le voile de la nuit apportant, après tant de lumière et de chaleur du jour, pour la nature et l'homme, de la fraîcheur, de l'ombre pour le sommeil, le repos, les plaisirs discrets de l'amour.

Un dernier coup d'œil fut donné aux oasis, à l'immense plaine du Sahara, et par la pente septentrionale du col de Sfa la voiture descendit sur El-Outaya.

L'entrée du Bordj est pittoresque, avec ses spahis rouges, assis près de la porte, qui fument tranquillement autour de tasses de café et attendent la nuit et le couscouss, tout en contemplant le ciel bleu qui disparaît sous de grands nuages gris, pareils à de gigantesques voiles de navire, étendues au-dessus de ce sol sans pluie et d'où tombe une rosée bienfaisante.

Sans dételer, les chevaux se reposent pendant que l'excellent hôtelier prépare un « casse-croûte » pour les voyageurs.

XIX

Après cet arrêt, l'estomac apaisé, les chevaux reposés, les voyageurs repartirent. La nuit était venue, le ciel assombrissait son azur criblé d'étoiles ; tous les voyageurs étaient obligés de se couvrir, de prendre un pardessus, pour se garantir de l'irroration abondante. La lune se levait et éclairait de sa lumière douce, avec son disque d'argent, le désert. L'haleine des vents du Nord, passant sur les hautes cimes, couvertes de neige, des Aurès, venait piquer le visage et provoquer, sur la peau, de voluptueux frissons. Au milieu de toutes ces sensations de fraîcheur, sous cette irroration abondante du Sahara, après la chaleur du jour, l'imagination était inquiète, excitée, cherchant de nouvelles émotions. Aussi, un des voyageurs, parlant des colons, de leur existence emportée et mêlée à la vie arabe, avec leur tempérament vigoureux, dit à l'Algérien : « Vous devez souvent avoir des rencontres, des aventures, des romans singuliers ? »

— En voulez-vous une, de ces aventures de la vie algérienne ? — Ecoutez :

J'avais été passer quelques jours chez un de mes amis. Dans une chasse aux cailles, nous arrivions à une éminence dénudée, garnie seulement d'aloës et de quelques touffes de lentisques. Sans faire attention, je fis monter ma jument sur une sorte de petit tertre.

« Prenez garde, me dit mon ami, c'est creux, c'est une tombe : tout ça est un gebbêna — cimetière arabe. »

En effet, tout autour de nous, étaient des tombes, qu'on reconnaissait aux tumuli, bordés de pierres comme on voit la nuit, sur le sol, les masses des Arabes dormant, roulés dans leurs burnous. Quelques tombes avaient un trou, témoignage des ravages des chacals.

Auprès d'une d'elles, je vis un superbe églantier, parfumant l'air de son âcre parfum. Ordinairement, l'églantier ne pousse qu'à l'état sauvage, le long des rivières ou dans les ravins.

J'en fis la remarque à mon compagnon, qui me répondit : « C'est juste, et cet églantier a été planté ; je vais vous conter son histoire.

Alexandre D... allait souvent à G... pour suivre les marchés, faire ses provisions et y chercher quelques distractions. Un de ses Arabes, un jour de marché, en causant de femmes, lui dit : « — As-tu vu la fille de le Hadj, le marchand ? c'est la plus belle fille du pays, rouge comme les grenades du Taya ; elle a l'âge de se marier, son père en demande 1,500 francs. »

Avec Alexandre, les affaires ne traînaient pas. C'était un excellent vendeur, un acheteur hardi. « Eh! bien, lui répondit-il, fais-la-moi voir et connaître ; tu auras bien travaillé : — terbah. »

Quelques mois après, Messaoud, un fellah, laboureur d'Alexandre, un brave homme déjà d'un certain âge, fort dévoué et fixé sur la propriété depuis de longues années, épousait Zazïa, la fille de le Hadj, bien qu'il eût déjà une femme et des enfants et que, pour se payer une fille si chère, rien dans sa position ne justifiait une pareille fantaisie.

Les parents de la jeune fille s'étaient fait tirer l'oreille, ils avaient espéré marier leur fille, si belle, à quelque riche négociant, à quelque cheik, oukaf, fonctionnaire quelconque au burnous d'écarlate ou d'outre-mer. Ses deux frères surtout s'étaient montrés fort hostiles. Mais Alexandre était intervenu. Il avait acheté chez le père un joli trousseau, payé comptant, et avait promis aux frères sa protection à la sous-préfecture, pour leur faire obtenir le burnous bleu des daïras de l'administrateur, premier échelon des honneurs, avec la perspective du burnous rouge de cheik.

La noce fut fort belle, la poudre parla presque toute la journée. Le soir, les sept chevaux et juments d'Alexandre menaient une fantasia qui fit époque ; un cavalier se démit le bras. On tua une vache, six moutons, un bouc; sept mesures de blé servirent à faire le kous-kous, les kesseras (galettes), les ref'fifs (beignets). Une centaine d'invités étaient venus. Le marié avait loué douze filles pour danser ; et il recueillit près de six cents francs de ses invités ; car chez les Arabes on paie son hôte.

Au moment de l'heure mystérieuse du berger, au milieu de la nuit nuptiale, qui devait se passer dans une chambre, ancien magasin à outils, adossée aux murs des écuries, tandis que les coups de fusil roulaient dans la nuit, à travers les échos des ravins de la montagne et de la forêt, que les you-yous perçants des femmes, les rages du tamtam, les murmures des kasbas, les trilles aiguës de la reïta, faisaient danser les filles, une ombre, comme une petite femme enveloppée de son haïk de laine, sortit à la dérobée et gagna le portail de la cour entr'ouvert. C'était la mariée, qu'attendait Alexandre. Il referma sans bruit le grand verrou sur Zazïa. Ali, un des fils du marié, avait suivi Zazïa et tout vu.

Pendant plusieurs années, Alexandre eut à sa disposition la femme de Messaoud, devenu son garde. Toujours jolie, fraîche, d'un caractère agréable, ni jacasse, ni mauvaise comme le sont les femmes arabes, propre et coquette avec ses vêtements neufs, une pointe de musc, ou de ce parfum fait dans le Sahara, avec les fleurs du myrte, elle conservait sa beauté, sa fraîcheur et sa bonne grâce. Elle n'allait ni au bois ni à l'eau, ne sortant que pour se rendre à la fontaine faire ses ablutions avec les autres femmes, leur montrer ses nouveaux cadeaux et aussi leur prouver, que si elle était la mieux parée, c'était à bon escient. Qui eût osé se dire sa rivale pour la finesse de la jambe, la puissance attrayante des cuisses, ses modelés très fins, le galbe, l'éclat de la peau, que ses voisines pouvaient alors examiner, dans ce moment d'intimité des nudités, pendant les ablutions ? C'était la plus belle, c'était aussi la plus jalousée. Toutes les femmes des Kramès et des garçons la haïssaient, et ensemble maudissaient sa beauté, souillée par ce chien, fils de chien, de patron, un roumi.

Ali, qui allait avoir quinze ans, après avoir lutiné, depuis déjà longtemps, les filles, cherchait à jouir des femmes et distinguait particulièremet la petite brune Aïcha, au teint aduste, aux bras bistrés mais beaux, à la gorge ferme, avec ses seins raides et globuleux de jeune femme sans enfant, à la taille toujours bien serrée, et creusée pour faire valoir ses hanches voluptueuses et sa croupe provocante. Elle se trouvait fort piquante, capable aussi d'avoir des bijoux à volonté comme Zazïa. Elle lui avait juré une haine mortelle, une vraie haine de femme arabe, espérant la supplanter, sans doute.

Elle fit vite partager sa haine à Ali, lui répétant que c'était un déshonneur pour lui, aujourd'hui un homme, de voir sa belle-mère en relations infâmes avec le chrétien. Sa haine lui donna de la vertu. Elle résista au jouvenceau, et, allumant davantage ses désirs, le fit entrer dans ses projets de vengeance.

Une fois, il lui confia que, le jour même du mariage, il avait vu sa belle-mère aller avec le roumi passer sa première nuit. A cette révélation, la petite Aïcha se leva d'un saut, foudroya le jeune Ali d'un regard furieux et de cette apostrophe : « Va-t'en ! maudit ! loin de mes yeux ! Tu n'es ni un homme, ni le fils d'un homme ! ni un Musulman ! Fils de chien, toi aussi. Que le Prophète te damne ! toi, qui as laissé violer une enfant de sa loi sainte ! Va ! infâme, ne me reparle jamais, ou je crierai à tous les gourbis de cet endroit, abandonné de Dieu, votre ignominie. Tu as compris ? ne m'adresse jamais la parole, ou venge-toi ! »

Le lendemain soir de cette scène, Ali rentra, plus désagréable encore que de coutume. Toute la journée, en gardant son troupeau, il avait roulé dans son esprit ses projets de vengeance et ses désirs d'amour. Son père revenait du marché de G... avec Alexandre. La vente des trente bêtes qu'il avait conduites avait été bonne ; aussi le « tellis » était-il rempli de cadeaux pour les femmes, de dattes grasses, et même d'un burnous pour Ali, donné en récompense au berger.

C'était au milieu de mai, aux premières chaleurs. A cette époque, les nuits n'ont plus les coups de vent froid d'avril, ni les rages du sirocco de l'été. Sous les arbres et les treilles touffues, les hommes et les enfants passent la nuit dehors, pour jouir de la douceur de l'air embaumé par tous les parfums des champs.

Alors, le spectacle de toute la nature est enchanteur. Sous le ciel étincelant d'étoiles, sous le souffle discret de tièdes haleines du vent du sud, la terre caressée dans un calme profond s'endort. Les grenouilles seules troublent ce doux silence, par les bruyants préludes à leurs longues amours que le soleil déjà haut et brûlant du lendemain pourra seulement rompre et finir.

Au milieu de la nuit, Ali, qui avant de sortir, après le repas, avait fouillé dans une peau de mouton, où était caché un long poignard de son père, s'assura si tous ceux qui étaient près de lui dormaient profondément ; puis, il alla se mettre auprès d'une haie de cactus, sous un grenadier en fleur, près de l'entrée du jardin, par où il fallait passer, pour gagner la porte d'Alexandre.

Il était caché depuis quelque temps, quand il vit venir un Arabe en burnous. Il crut d'abord que c'était un homme; il eut peur ; mais vite à sa démarche il reconnut Zazïa. Il tira de sa gaine son génoui, s'assura encore du bout du doigt de la pointe et du fil de la lame, et au moment ou Zazïa ouvrait la porte, il bondit sur elle, et lui enfonça tout entier le long poignard dans le flanc. Puis, la précipitant sur le sol, la maintenant avec ses genoux, il appuya bien à terre, de sa main gauche, la tête pour lui faire tendre le cou qu'il coupa entièrement avec autant de rapidité que de férocité.

Tandis que les veines coulaient, jaillissantes, avec le bruit atroce de bouteilles qu'on vide, sentant qu'elle ne bougeait plus, Ali releva sa gandoura parfumée, et, à la lueur des étoiles, découvrit ce beau corps ; il en examina les beautés, puis ouvrit le ventre, de bas en haut, d'un coup violent.

Assuré que personne ne l'avait vu, il écouta si nul bruit ne venait. Le rossignol seul, dans le frêne de la fontaine, se faisait entendre dans cette merveilleuse nuit, chantant le printemps et l'amour.

Ali s'enfuit promptement à la rivière ; se lava, enterra dans le sable son génoui et sa chemise inondée de sang et revint se placer où il avait commencé à s'endormir, rêvant longtemps à Aïcha aux yeux noirs « comme les olives mûres... »

La colère d'Alexandre égala sa douleur, devant un tel meurtre. La justice vint inutilement ; le coupable était introuvable. Alexandre offrit une très forte somme pour qu'on pût lui indiquer l'assassin ; il ne le sut que bien plus tard.

Quelques jours après la catastrophe, il vint me voir, et m'amena près de cette tombe, où est enterrée Zazïa ; il planta dans la terre encore fraîche sa badine, qui est devenue cet églantier.

Tant qu'à Ali, après avoir été garçon dans plusieurs fermes des environs, s'étant rendu dans un des douars de la montagne où les frères de Zazïa étaient cheiks, un matin, près d'une touffe de lauriers-roses, au passage d'un gué, il fut trouvé assommé. »

Après quelques réflexions sur cette aventure, l'ingénieur dit au colon :

— Vous nous avez parlé, à un moment, avec une certaine émotion, d'une Algérienne aux grands yeux noirs. Les femmes ici peuvent avoir, grâce à leur beauté troublante, une fascination singulière. Vous devez les désirer et les aimer avec une rage jalouse. Dites-nous donc un conte dont les héros soient des Algériens français.

— Voici, dit l'Algérien :

M. C..., à vingt-quatre ans, avait épousé une jeune fille, dont le père avait une grande concession de chênes-liège. Elle avait été élevée comme l'enfant de la nature. Très jeune, elle passa de l'enfance à la puberté, instruite de bonne heure de la différence et des rapports des sexes. Souvent, seule, elle galopait des heures entières, accompagnait ses frères à la chasse, décidée, et n'ayant peur de rien, tout en connaissant bien le danger. Un jour, s'étant égarée, elle s'était assise un instant, près d'un fourré, écoutant la voix éloignée des chiens de ses frères. Près de là, était un chemin de traverse. Un Arabe passa à mulet. Voyant cette jeune Française si jolie, couchée, après avoir examiné parfaitement les alentours, calculé qu'il ne pouvait être ni vu, ni entendu, il descendit de sa monture et s'accroupit à terre, comme un fauve qui veut tromper sa proie, si elle le voyait. Convaincu qu'elle dormait, il s'avança à pas de loup, les yeux abaissés, en décrivant un circuit pour arriver jusqu'à un rocher, d'où il comptait s'élancer sur elle. Tapis entre deux blocs, lançant des regards de reptile, il se redressait, quand la jeune fille se releva tout à coup, l'ajusta, et, après lui avoir lancé quelques bonnes épithètes en arabe, lui lâcha ses deux coups de plomb.

Expliquer cet instinct des jeunes Algériens, des jeunes filles surtout, pour s'éloigner des Arabes, les écarter, serait assez difficile. Cependant quand on connaît leur instinct de brute, leur audace, cette aversion se comprend; et cette méfiance est la sauvegarde de leur honneur. Il y a déjà trop d'exemples de honte et de déshonneur arrivés dans d'excellentes familles, par suite de l'immixtion de domestiques indigènes dans les maisons où ils ont abusé de la naïveté des enfants innocents, pour que les Algériens, dès les premières années, n'apprennent pas à leurs enfants à écarter l'Arabe.

Entrez dans la maison d'un colon vous rafraîchir, vous verrez un marmot marcher dans la chambre, le père s'amuse à lui dire de ces phrases qu'on apprend aux petits : « Jules, lui dit-il, voici les Arabes! » Et l'enfant aussitôt éclaire son regard, fronce le front, semble chercher une arme, pour chasser ou affronter un ennemi.

A côté de l'enfant, un beau chien s'amuse, mais quand il entend « les Arabes! » son poil se hérisse, et il emplit la maison de ses aboiements.

Sur ce sujet que l'on discute, une chose est certaine : c'est que l'Algérien tout jeune prend en méfiance l'indigène; et il a bien raison.

Toutes les belles phrases, et les beaux mouvements de rhétorique philanthropique sont vite renversés, par un simple regard jeté dans l'intimité de leur vie, ou sur les scandales et les malheurs passés.

Ces Parisiennes qui regardent complaisamment, avec des regards de concupiscence très expressifs, les Bédouins, les Juifs, les emburnoussés, sur les boulevards, ne se doutent certes pas, de la pitié qu'auraient pour elles les Algériennes, qui estiment le contact d'un Arabe, comme la plus ignominieuse dégradation à laquelle une femme puisse tomber. Quant aux Algériens, je vais vous donner un exemple de leur opinion à ce sujet.

M. C... avait donc épousé cette jeune fille si vite formée à cette vie, si éclairée sur les dangers qu'une femme peut courir au milieu des indigènes. Pendant plusieurs années, leur ménage fut heureux. Malgré la difficulté des débuts, des craintes attachées aux nouvelles entreprises, aux mauvaises années, leur intérieur, grâce à leur mutuel amour, était charmant.

Plusieurs enfants leur étaient nés et poussaient avec la force et la grâce que peut avoir ici, sous ce soleil et dans cette existence de mouvement, un vrai et pur sang français.

Un jour, en fumant une cigarette, appuyé à un mur, tout en examinant le ciel pour deviner le temps du lendemain, M. C... tendit l'oreille à la conversation que deux Arabes, accroupis derrière le mur, échangeaient. L'un disait : « Oui, j'en suis sûr, j'ai vu Abdalha sauter par la fenêtre : il l'a eue la première fois dans le jardin, un jour qu'il y travaillait et qu'elle était en train de cueillir des fleurs. Oh ! mon frère, il paraît qu'elle a une peau comme le lait caillé... Ah ! si le patron savait l'histoire ! Baste ! comme nos femmes, les Françaises ! et... »

M. C... sur le moment ne fit guère attention à ces paroles. Puis, peu à peu, ses pensées se concentrèrent sur ce souvenir, et, mordu d'un doute affreux, il résolut de s'en assurer.

Mais comment faire ? Aller demander à ces deux gueux, qui causaient ensemble l'autre fois, des explications ? C'était leur montrer ses doutes ; et jamais un Algérien, vis-à-vis d'un indigène, n'aurait cette faiblesse.

Pendant quelques jours, il roula continuellement ces suppositions. Ma femme ! pensait-il, est-ce possible ? Une Algérienne, qui méprise si fort les Arabes, s'être laissée aller jusqu'à se donner à un de mes garçons ? Ah ! mon Dieu ! ma vie est désormais empoisonnée. Pourtant, je l'adore et elle m'aime à ne pas en douter ! »

Tous les vendredis, il allait au marché, vendre, acheter ou simplement voir ses voisins, réunis au village, ce jour-là. Un soir, en rentrant en voiture, à un détour, il voit tout à coup un cavalier quitter précipitamment la route à sa vue et s'enfoncer dans les broussailles, comme pour l'éviter. Ce mouvement l'avait frappé ; il l'étudiait et un éclair jaillit dans son cerveau. Cet homme était Abdalha avec sa jument blanche, son ancienne pouliche qu'il avait eu le temps de reconnaître.

Brûlant de fièvre, hâve, il arrive chez lui, la figure bouleversée. A son arrivée, sa femme au milieu de ses enfants venait le recevoir. En voyant son air défait, elle s'empresse, inquiète, caressante auprès de lui. En l'embrassant dans le cou, il flaire comme une odeur de musc. Etait-ce une hallucination? — Il sent une odeur d'Arabe attachée sur sa femme.

Il avait alors comme bonne, une Maltaise ; pendant toute la journée elle n'avait pas quitté la maison. Une heure après son arrivée, M. C... la voyant bien seule, dans sa cuisine, s'approche d'elle et avec un ton et un regard qui décelaient une résolution inébranlable, il lui dit : on vient de me voler 500 francs. Vous seule étiez à la maison, je vais vous faire arrêter immédiatement et conduire en prison.

— Je vous jure !

— Alors, si ce n'est pas vous, dites, dites de suite qui ça peut être.

— Abdalha est venu, madame lui a parlé.

— Quand, est-il venu la dernière fois ?

— Vendredi, comme aujourd'hui, il m'avait appelée pour donner du miel à madame et je l'ai fait entrer dans le bureau de monsieur.

— Ah ! misérable ! si tu dis un mot maintenant, tu es morte et damnée !

En moins de quinze jours le malheureux devint méconnaissable ; en proie à tous les ravages d'un mal affreux. Sa femme, à qui il n'avait rien dit, rien laissé deviner, était prise d'une grande inquiétude et voulait le forcer de partir à Constantine voir un médecin. Inutile, lui dit-il, je sais et dois être le seul à savoir et à guérir mon mal.

Il partit pourtant, et resta quelques jours à visiter plusieurs de ses amis, à qui, frappés de son état, il annonça son départ pour Vichy, avec sa femme. Revenu chez lui, après être passé chez son notaire, mettre bien ordre à ses affaires, il chercha longtemps comment faire pour éviter le déshonneur, le scandale.

Il n'y a pas à en douter, mes premiers enfants, disait-il, sont de moi, ils sont trop frais, trop bons pour qu'il y ait dans ces êtres d'autre sang que le nôtre. Ah ! pour le dernier, celui que cette malheureuse porte dans son sein, ça c'est autre chose ! Au lieu d'avoir à le maudire, ce fruit-là, il faut abattre l'arbre même.

A cette atroce pensée, il s'arrêtait, et en se rappelant ses premières amours, le bonheur qu'il avait eu, la vertu que paraissait avoir sa femme, des larmes le prenaient, il s'enfermait pour pleurer et cacher ses sanglots. Ah! soupirait-il, si c'était un Français, j'ai mon bras, mais un Arabe, comment le punir et me venger, empêcher que dans la famille une pareille graine ne rentre! Oh! malheureuse, que je t'aimais pourtant!

Et sans chercher, tant la honte l'empêchait de pouvoir se rendre compte des détails, de son malheur, comment sa femme avait pu succomber, il ne voyait que l'acte brutal, la souillure. Dès qu'il avait eu la preuve que sa femme avait été touchée par ce misérable, sa femme, pour lui, était morte; il ne cherchait plus que le moyen de la faire disparaître.

Quelque temps après, malgré la mauvaise saison, il partit pour Vichy, après avoir prié ses parents de venir le remplacer chez lui, pour veiller aux travaux et garder ses enfants pendant leur absence. Au lieu de monter sur un transatlantique, il prit un bateau marchand, dont le trajet est beaucoup plus long et où il n'y a pas de médecin. La veille, sa femme, prise d'un mal subit, avait été très malade. Cependant, ils s'embarquèrent à midi. A cinq heures, ils étaient au large, la mer moutonnait; Mme C..., souffrante et indisposée était couchée, son mari aux petits soins auprès d'elle. En descendant dans sa cabine, le capitaine avait remarqué sa pâleur, et M. C... lui avait fait part de ses craintes. Tout à coup, il tira sa montre comme un homme qui a longuement médité un projet, et qui, pour ne pas hésiter à l'accomplir, s'est d'avance fixé une heure.

Mme C..., pour adoucir ses vomissements, buvait de la limonade. Après un violent effort, elle se pencha vers son mari et lui demanda à boire. Sans qu'elle s'en aperçût, il jeta dans le verre une pincée de poudre blanche de strychnine.

Mme C... redemanda le verre, le prit et avala tout le contenu, presque d'une seule gorgée, comme le font ceux qui sont tourmentés de vomissements. Dès qu'elle l'eut pris, ses yeux devinrent hagards. Une convulsion agita ses jambes, et sous la secousse de quelque chose de terrible, d'indéterminé, s'emparant de tout son être, elle se dressa à demi, appelant d'un cri son mari, qui alors, la saisissant par le poignet, les yeux épouvantables, en la fixant avec rage dans son agonie, lui dit, serrant les dents : « Tu l'aimais donc bien cet Arabe d'Adhalha ? Je suis à jamais perdu, mais toi, misérable! Tu iras t'engloutir au fond de la mer! » Une écume blanche lui vint à la bouche entre ses lèvres devenues pâles comme les folioles d'une tubéreuse. Ses oreilles avaient entendu et son cerveau, intact encore ces quelques secondes, avait bien compris la signification des paroles de son mari. Elle soupira : « Pitié! pitié! ne me maudis pas! Je n'étais pas coupable. J'ai été violée. Comment t'avouer une telle honte! j'attendais, je préparais le moment de me venger moi-même. Je te le jure!

en face de la mort! Et adieu! Adieu! toi seul, je t'aimais et je t'aime encore... » Et, sans plus pouvoir parler, elle mourut, ses yeux brillants, remplis d'une intense expression de pitié et de pardon.

Le cadavre, le lendemain, selon les règles expresses du bord, fut placé sur la planche et jeté à la mer.

Débarqué à Marseille, d'où il devait repartir pour Paris, voir sa famille, M. C... restait à fixer continuellement cette vaste étendue d'azur, qui forme la Méditerranée, et où sa femme gisait, au milieu des abîmes. Un soir, au Prado, du haut d'un rocher surplombant la mer, il s'y jeta pour y trouver la mort, et avoir, avec celle à qui il ne pouvait survivre, le même tombeau.

XX

Puisque tu es en veine de conter, demanda au colon son cousin, dis-nous donc une aventure personnelle.

L'Algérien reprit :

« Une après-midi, j'étais à surveiller une bande d'Arabes qui crochetaient les rangs de vigne, tandis que la charrue labourait l'emblave.

Elle était menée par trois bêtes, et le garçon indigène qui les conduisait, avec son pantalon français tout en loques, sa ceinture rouge roulée en câble, ses grands yeux noirs, aux cils démesurément longs, la moustache peu épaisse aux poils rudes et droits, était un beau et solide gaillard, bon travailleur, bien que mauvaise tête et « armée roulante », — surtout coureur, aimant à profiter, auprès des femmes, de sa fière tête et de sa grande allure.

Depuis un mois, un jeune Arabe, frère d'un Kramès, marié depuis peu à une femme de quinze ans, venait d'arriver. Je m'étais déjà aperçu que Salah, mon garçon, rôdait autour du gourbi de la jeune mariée, causait avec la vieille mère, faisait l'aimable avec le mari.

Une nuit, les chiens aboyèrent beaucoup ; le lendemain je demandais à mon garde la cause de ce tapage, si ce n'était pas la hyène ou des voleurs.

« Non, me dit-il, ce doit être Salah qui allait voir Zineb... la moitié de son mois a déjà passé chez les Juifs pour elle, et Salah n'est pas le seul. Oui, Belkassem, l'homme au mulet gris, y va aussi, et Salah le sait. »

Tout en surveillant la bande des piocheurs, je jetais de temps en temps un coup d'œil à la charrue. Je l'attendais déjà depuis quelques instants, mais rien n'apparaissait et ne se faisait entendre : ni pointe de collier, ni claquement de fouet.

Impatienté, je quittai mes hommes pour monter sur une grande allée, d'où l'on peut voir tout l'autre versant, de ce flanc de montagne.

En bas, près du ravin, je vois les trois bêtes alignées, la charrue couchée et le laboureur assis nouant ses sandales. J'arrive à lui et lui demande où est Salah.

« Il est descendu tout d'un coup, répond-il, dans les broussailles, sans rien dire. »

Je regardais dans la direction indiquée et je vis une tache blanche qui courait ; c'était mon homme.

Au bas des vignes, passe un chemin arabe qui traverse le ravin, près d'un laurier rose, un mulet gris était attaché, puis de l'autre côté du ravin, en face des broussailles, dans un grand champ de blé, les femmes arabes sarclaient.

En les examinant avec attention, je m'aperçus que la petite Zineb, toujours voyante par ses melafas — robes de laine rouge — et ses foulards de tête de couleur, n'y était pas. Au milieu des verts sombres des feuillages, des myrtes et des lentisques, une masse de couleurs avec du rouge et du blanc se distinguait.

Je devinais la vérité, quand de cet endroit un coup de feu partit.

Sans aucun doute, un drame arabe venait de se passer; mais n'ayant point mon revolver, je me sentais peu l'envie de me mêler dans une affaire, entre burnous, à propos d'une ceinture de femme dénouée; cependant, je sifflais mon levrier, prit la curette de la charrue et descendis au plus vite.

Près d'arriver, entre deux touffes, je vis Salah cherchant à fuir.

Salah! lui criai-je brusquement, ah! ça, qu'y a-t-il donc?

J'allais droit à lui; je vis son bras ensanglanté; il était horrible à voir: les traits bouleversés, tirés, les yeux féroces. Après un croisement d'éclairs de nos yeux, il me dit: « Belkassem m'a tiré un coup de pistolet dans le bras; je l'ai tombé avec mon génoui (long couteau). »

— Et c'est pour cette petite Zineb que tu lâches ainsi ton travail !

Il baissa la tête et me répondit sourdement : « Entends-moi avec pitié »...

Le garçon revenait ; mais tout à l'heure c'était le brigand pris sur le fait, le fauve sur sa proie, capable, malgré mon chien et ma curette, de continuer le jeu du génoui. Il continua : « Oui, c'est à cause de Zineb, cette..., elle sarclait avec toutes nos femmes, je l'avais vue venir; elle a disparu, et restait longtemps ; j'ai aperçu le mulet gris de Belkassem attaché près du ravin, et j'ai vite compris ; je suis descendu comme un fou, —quif ramoul — comme un taureau. Je les ai trouvés ensemble ; avec mon fouet je me suis rué sur Belkassem, il m'a tiré un coup de pistolet dans le bras ; j'ai lâché mon fouet, et, de mon génoui, je l'ai frappé au cou.

Alors, j'ai saisi Zineb ; je voulais l'étrangler : mais ses yeux brillaient cemme ceux des démons de l'enfer et je l'ai renversée sur le corps de Belkassem... Ah ! « regarde-moi sans colère ! »

— Oui, te voilà pour trois ou quatre ans à Lambesse !

— Pourquoi ? Toi, tu connais trop bien les Arabes pour t'occuper de ce qui s'est passé entre nous, pour une femme. »

Une heure après, j'étais descendu près de la maison, sur le chemin qui mène à la rivière et monte à la montagne. Les femmes arrivaient de sarcler et marchant à la file, portant sur la tête des paquets d'herbes.

La dernière était Zineb ; elle marchait lentement, portant avec aisance, sur sa tête au visage bistré, aux cheveux épais et noirs, serrés par son hendia noir et jaune, une grosse botte de fénouil vert retenue par son bras nu.

Il sortait de sa mélafa rouge, largement ouverte sur le côté, découvrant l'aisselle charnue, garnie dans le creux, d'une mousse et d'un petit frison de poils très noirs ; montrant le flanc d'un modelé serré et très ferme, et la naissance d'un sein solide et piriforme.

De loin, mes yeux se braquèrent dans les siens. Je cherchais à la dévisager. Son grand œil noir, dans sa tranquillité et son brillant, semblait inondé d'une flamme singulière. Elle supporta sans gêne, mais en coquette, mon regard investigateur et brutal.

En passant près de moi, elle abaissa ses longues paupières, par leur mouvement habituel de pudeur agaçante devant un homme.

Rien ne paraissait avoir troublé la douceur des lignes courbes de ce jeune visage ; mais ses narines étaient plus ouvertes, ses lèvres fortes mais bien dessinées, ses lèvres sensuelles, se plissaient comme pour un sourire intime, au souvenir d'une jouissance aiguë, la montrant heureuse et provocante encore, par le déhanchement calculé, le mouvement lascif du ventre. »

XXI

Après une pause, le colon ajouta :

« Ce fut peut-être son plus beau jour à cette jeune Arabe ; pour elle deux hommes s'étaient entr'égorgés, « elle avait fait couler le sang ».

Mais, mon cher, remarqua le sculpteur, d'après ces esquisses, ces études que tu viens de nous montrer, beaucoup de nos illusions et de nos croyances paraissent vouloir prendre leur vol et nous quitter.

Que deviennent ces — mouquières — prises sur le tas de cailloux des routes, ces gamines gardeuses de chèvres, agaçant du geste les passants, se donnant pour deux sous, derrière des touffes de myrte ? Que deviennent toutes ces légendes chantées par les muses romantiques ou rapportées en France par les troupiers, sur leur Afrique, véritable pays, selon eux, du tabac, des femmes et du vin ? Kradijas amoureusement voluptueuses, qu'êtes-vous devenues ? où sont les neiges d'antan ?

— « Des blagues » toutes ces légendes, ces chansons, ces romances de Loïsa Puget, bien phrasées, si l'on veut comme musique, mais dont les paroles hurlent contre le bon sens et la vérité.

Une promenade dans l'admirable forêt de Fontainebleau et la rencontre d'une belle fille dans un bouge de Montmartre ont provoqué, dit-on, chez Musset, ce chef-d'œuvre de sentiment : le *Souvenir*.

Celui qui a rimé *Kradija* fut sans doute quelque zéphir d'El-Arrouch, un rêveur jaloux, un heureux flâneur. Dans le site merveilleux où il se promenait, écrire des strophes lui était besoin.

Sous ces trembles qui frissonnent, dont les feuilles palpitent, ainsi que les ailes des tourterelles amoureuses qui peuplent ces arbres en y roucoulant sans cesse, à l'ombre des oliviers argentés chantant sous le souffle de la brise comme des harpes éoliennes, tout rêveur se sent un cœur de poète. Là, au milieu des coteaux et des plaines, aujourd'hui plantées de vignes, autrefois couverts de hautes broussailles verdoyantes, l'Oued-Ensa déroule les méandres de son lit blanchâtre rempli de galets de marbre, de blocs de calcaire pailletés de mica. Ses bords garnis d'épaisses et de hautes touffes de lauriers-roses ressemblent à une immense écharpe empourprée.

Quoi de plus gracieux que ces bordures avec leurs longues tiges rondes et flexibles à la peau unie et d'un blanc d'argent, leurs feuilles longues et effilées en lames de poignard, leurs touffes de fleurs de pourpre, qui au moindre vent se balancent, et au-dessus des masses de verdure voisines agitent leurs bouquets ?

Couché dans les asphodèles et les cytises, près des églantiers, des lierres et des clématites, entouré des touffes de myrtes et de lentisques ornées de leurs baies rouges ou noires pareilles à des perles de jais ou de corail, à cet heureux rêveur, les rimes pouvaient venir faciles, les images abondantes.

Adieu! vaines et fantasques illusions! soupira le sculpteur. Vous ne viendrez donc plus égayer et aviver nos rêveries amoureuses, lorsque sombre et tourmenté par nos brouillards de Paris et les infidélités de nos maîtresses, j'aimais à me figurer ce pays peuplé d'amoureuses, pour pouvoir y venir en rêvant et y aimer délicieusement? Que va-t-il nous rester de notre Afrique ainsi dépoétisée ?

— Notre voyage à Biskra.

— C'est vrai! Sa réalité sera peut-être plus agréable que toutes ces romances. Loin d'avoir trouvé des motifs pour composer des idylles avec des Fatmas ou des élégies à des Esthers, nous y avons, au contraire, appris que la chose est complètement impossible.

— Oui, « nos sangs sont ennemis », nos caractères absolument opposés. Ceux des Arabes avec lesquels nous pourrions espérer un rapprochement, éprouvent davantage, de plus en plus, pour nous, ce sentiment plus dangereux que l'hostilité ouverte : le mépris. Ils doutent de la France, ils se méfient des Français ainsi qu'on se méfie d'un fou ou d'un imbécile dangereux.

Ce n'est pas dans les journaux de Paris ni dans des brochures sur l'Algérie, écrites par d'oisifs bureaucrates ou des jaloux, que vous pourriez lire de pareilles opinions. Par une triste anomalie, beaucoup de fonctionnaires d'Algérie détestent ou ignorent les colons et leurs opinions. Ils craindraient de se compromettre en venant un peu nous voir, ils auraient peur de froisser leurs manchettes ou leurs bottines, en suivant nos charrues, en nous accompagnant dans nos champs. Pour bien connaître et les besoins et les qualités de certains hommes, il faut être de leur métier. L'on a pourtant beaucoup composé d'ouvrages sur l'Algérie. Que trop, hélas !

Un monsieur qui a de longues heures de loisir dans son bureau se met un jour à écrire à ses amis de France, ou d'Alger. Il soigne surtout son style, lira du Gauthier, du Feuillet ; ce seront des pages bien léchées qui feront dire à ses amis ou à ses protecteurs, ses chefs : « Très jolie, votre étude : il y a quelque chose à faire avec ça. C'est pas mal vu, bien peint, vous devriez vous essayer sur un plus grand cadre puisque vous avez le métier. » Et flatté dans son amour-propre, cet amour-propre atroce de l'écrivain, de celui qui a envie, qui a la fièvre, de se voir imprimer tout vif, il couvre trois cents pages de choses plus ou moins bien écrites, qui plaisent comme des esquisses de Toulmouche, ou de Landelle; mais il se gardera bien d'essayer de peindre des choses trop brutales comme Roll, il évite soigneusement des études trop nature, ou surtout le nu si difficile à rendre, avec sa musculature, son modelé et les tons de la chair pour lesquels il faut connaître l'anatomie et avoir la patte d'un maître.

Le public ne voit encore dans ce livre que les mêmes types déjà si souvent peints, des Fromentin ou des Gauthier pastiches.

En 1867, pendant la famine, un capitaine du 3e chasseurs d'Afrique qui s'occupait de photographie avait pris un certain nombre de clichés d'indigènes. Le colonel de Gallifet en envoya à la Cour. La vue de ces malheureux, de cette misère, reproduite brutalement et exactement, souleva du dégoût et du mécontentement; et l'on fut loin de complimenter l'envoyeur de pareils documents. Il eût, au contraire, été probablement gracieusement remercié, s'il eût envoyé une collection de danseuses naeliètes. Si l'écrivain comme le courtisan veut plaire, ce n'est donc pas des études trop cruellement vraies, et trop inconnues, qu'il devra présenter.

Et du reste, si la peur ne l'arrêtait, cet étranger aux colons, serait-il capable de les bien peindre dans leur vie, leurs opinions ?

A la nouvelle de la mort subite de son fils, Talma surpris et brisé d'émotion poussa un grand cri déchirant de douleur. Il resta longtemps silencieux, accablé. Puis, tout à coup, l'artiste se réveilla, et en se rappelant le cri subit et admirablement beau de vérité qu'il venait de pousser, il soupira : « Ah ! ce cri, si jamais je pouvais le rendre ! » Mais, s'il n'avait été père, s'il n'avait pas subitement appris la mort de son fils, l'eût-il jamais poussé?

Il est donc certains sentiments, certains cris, qu'il faut avoir soi-même fortement éprouvés, qu'il faut avoir poussés dans des moments d'angoisse, pour les connaître et pouvoir les bien rendre.

Pour être défendus, les colons, les vrais Algériens, ne peuvent avoir de meilleurs avocats qu'eux-mêmes ; seulement, à la barre de l'opinion, ils n'osent s'y approcher. Après bien des lectures d'outrages écrits sur eux, beaucoup sans doute ont regretté de ne pouvoir se défendre ; et ils se répétaient ces vers du poète.

> J'en aurai fait assez, si je puis le tenter...
> Pour me faire entendre à défaut du génie.
> J'en aurai le courage et l'indignation.

Auprès de leurs foyers, plus d'un a ébauché leur plaidoyer. Mais le lendemain matin au petit jour, la cloche appelait les ouvriers, les domestiques attendaient des ordres, et le colon descendait prendre son cheval, suivre ses hommes, sans plus penser à retorquer les arguments, à effacer les mauvais portraits, écrits sur lui par des imbéciles ou des myopes.

Dans un livre, selon Pascal, ce n'est pas un écrivain que l'on doit surtout trouver et chercher, c'est un homme. Avec de l'étude, une certaine connaissance des procédés, on peut arriver à écrire un ouvrage de banalités ; mais pour écrire des sentiments capables d'émouvoir, il faut soi-même les avoir ressentis.

Nul autre que Lally-Tollendal ne pouvait mieux défendre la mémoire de son père ignominieusement condamné. Pas un orateur n'aurait eu le talent qu'il déploya dans sa défense ; car il y allait de ce qu'il connaissait et aimait le plus au monde : de son père, de l'honneur de son nom ; aussi fit-il un chef-d'œuvre.

Les traits les plus parfaits, les sentiments les plus émouvants, comme les grandes pensées, viennent du cœur.

Toujours je me rappellerai les adieux que nous échangeâmes avec un ami qui partait pour la France, laissant sa propriété affermée et retournait à Paris.

De la gare nous regardions dans la vallée, le point blanc des bâtiments de sa propriété, et sur la montagne, à moitié débroussaillée, le grand manteau doré des pampres de vignes. Dans cette propriété tous les capitaux, de sa dot avaient été enfouis, le meilleur de sa jeunesse dépensé ; ses plus solides espérances y étaient placées. Mais victime de la crise qui sévit, avec des rendements incapables de couvrir les intérêts des capitaux employés, il lui fallait l'abandonner un moment, faire la part du feu, et tenter, grâce à son intelligence et à son énergie, le sauvetage de sa fortune en détresse.

A cette terre si aimée, il lançait de longs regards désolés ; il ne pouvait en détacher ses yeux qui, tout à coup, s'emplirent de larmes. Emu moi-même je l'embrassais, partageant sa douleur et ses craintes, ainsi qu'on embrasse le jour d'un combat naval, un ami, officier commandant un vaisseau en feu. Le reconduisant en wagon, je le considérais tristement. Il me semblait un capitaine intrépide frappé d'une indigne dégradation, et rappelé de l'armée qui se bat, qui conquiert.

« Je pars, me disait-il, mais je ne suis ni vaincu ni désespéré ; loin de là. Ce qui nous accable, ce sont les intermédiaires ; ils spéculent sur notre éloignement et font leur fortune avec notre travail. Je veux, avec ma petite propriété comme base ,arriver à fonder une compagnie qui vendra directement à Paris, du pain de blé dur, du gruau à huit sous le kilo, et du vin — du vrai vin — à douze sous le litre. Car il faut que ce soient les mêmes capitaux qui fassent produire en Afrique et qui vendent non à Bercy, mais à Montmartre, au comptoir. Que je réussisse, et, avant trois ans, j'aurai mille hectares, dont trois cents en vignes ! » Belle entreprise, certes ! — Mais les capitaux français n'aimeront-ils pas mieux aller s'engouffrer dans quelque banque juive, au lieu de se confier à cet Algérien qui a pourtant comme répondants l'activité de sa jeunesse, une dure expérience et ses propriétés? Malgré cette espérance, il sentait la tristesse le saisir, en se voyant obligé d'abandonner la belle vie qu'il avait menée, en cultivant cette belle terre, jadis sauvage, inculte; mais dont le sein ardent, comme celui d'une femme de trente ans, est si violemment échauffé par un soleil brûlant et jaloux. Dès qu'on la travaille, elle produit les grains les plus nourrissants, les fruits les plus savoureux, et elle devient un Eden, aussitôt que l'homme peut, par son industrie, y amener l'eau.

Au milieu de grands champs, défoncés et bien hersés, voisins d'autres encore couverts de genêts épineux et de ronces, de jujubiers, quel plaisir de marcher doucement, en contemplant le blé qui pousse vigoureux en longues pointes d'émeraude. Mais surtout, quelle émotion agréable de voir dans des terrains autrefois couverts d'impénétrables broussailles, les premières plantations de vignes s'aligner sur un sol uni et doux, et d'examiner les longues rangées de sarments plantés, au bout desquels se gonflent les premiers bourgeons, semblables à des rubis enchâssés dans de petits cocons de soie !

Cette œuvre du colon n'est-elle pas la plus sainte et la plus précieuse ? C'est elle qui fait pousser « ce brin d'herbe sacré qui nous donne le pain, » c'est elle qui donne cette liqueur qui fortifie l'homme dans son travail, réconforte son cœur attristé, et l'encourage à l'amour, c'est l'œuvre qui fait la Terre — notre Mère — belle et féconde.

Sur sa propriété, mieux que le capitaine sur son navire, il est le seul maître. Tout doit marcher selon son intelligence et ses ordres. Pour conduire ses hommes, il faut qu'il possède cette qualité précieuse : savoir commander. Au milieu de ses gens, de ses bêtes qui concourent à son entreprise, n'est-il pas le seul conquérant heureux, le seul vainqueur digne de louanges unanimes, le travailleur le plus noble, et le plus digne d'envie ? Colons ! admirables et modestes conquérants qui, sans gloire, sans applaudissements, augmentez la Patrie, soyez pourtant fiers ! si aujourd'hui, en France, votre nom provoque le rire, si vos misères rencontrent l'indifférence, l'avenir vous rendra justice !

Celui qui a écrit les *Lettres provinciales*, n'était point un écrivain de profession. Il est aujourd'hui d'autres ennemis que les Jésuites à démasquer, et ce ne seront probablement pas les écrivains émargeant aux journaux juifs, qui auront le courage et le pouvoir de les dénoncer et d'essayer de les frapper.

Que les Algériens, les colons, osent se défendre eux-mêmes ; qu'ils disent ce qu'ils pensent, ce qu'ils sentent, ce qu'ils veulent : ce sera bien inconnu, aussi peu galant que les photographies envoyées par le colonel de Galliffet à la cour, ça ébouriffera les sots ; mais ce sera vrai ; et, il n'est pas impossible que la mère Patrie à ce cri, tout faible fût-il, de ses enfants éloignés, ne secoue son indifférence. »

XXII

Maintenant, au sujet des Arabes que les écrivains ont souvent décrit trop superficiellement, il ne faut donc pas les croire si enthousiastes de leurs vainqueurs ; l'instinct de leur race les éloigne au contraire. Ajoutez encore la haine religieuse, et les vexations de l'orgueil national froissé par les sottises politiques, et vous comprendrez que nous sommes loin de marcher avec les Arabes la main dans la main, loin de voir nos enfants s'aimer et se rechercher amoureusement.

Avant 1870, les Arabes nous détestaient en vaincus. Pour eux, alors, nous étions surtout des infidèles, des ennemis de leur religion. Mais grâce à notre courage, ils avaient pour la France de l'estime, du respect. Ils se seraient ainsi rapidement rapprochés. En 1867, il y eut même à El-Arrouch treize indigènes qui avaient demandé, en qualité d'anciens soldats ou serviteurs de la France, l'honneur de devenir citoyens français. Ils avaient les preuves de notre puissance à cette époque et foi dans notre justice.

La guerre a diminué notre prestige; cependant les souvenirs de notre bravoure soutenaient notre autorité. La révolte de 1871 et sa répression prompte et impitoyable, l'avait confirmée. Mais à l'apparition du décret Crémieux qui, d'un trait de plume, francisa tous les Juifs d'Algérie, une véritable stupeur s'empara des Arabes. La colère ralluma leur rancune; et de là est venu ce mépris pour les Français; ce décret incompréhensible et infâme leur dévoilait une déplorable faiblesse politique.

Les Turcs avaient maintenu les Juifs, non pas dans un esclavage abject, ainsi que veulent le faire croire certains écrivains, mais, connaissant leurs vices, leur action corrosive et infectieuse parmi les peuples chez qui ils s'implantent, gardant et professant religieusement les préceptes de leur Talmud, les Turcs, avaient sévèrement et sagement mis un frein à leur cupidité et à leur corruption. Non seulement pour l'Arabe, le Juif n'était pas un égal, mais c'était un être inférieur, méprisable, exerçant dans l'humanité des fonctions répugnantes et dangereuses comme les courtisanes. Jugez de leur étonnement en voyant les Français, leurs vainqueurs, en faire des égaux !

Les Arabes reconnaissent le Français brave — enfant de la poudre. — Mais derrière cette valeur de la masse ils sentent une incapacité de se gouverner.

Les Français se battent bien, disent-ils, comme les chiens et les chevaux; seulement, ce sont des « imbéciles, des aveugles qui se laissent conduire et brider ». En politique, le peuple arabe ne voit que ses intérêts plus ou moins bien sauvegardés. Et, aujourd'hui, il voit, une justice douteuse, des impôts écrasants; il sent en France une puissance perverse, et les colons incendiés et pillés sont les victimes de la haine qu'elle leur inspire. Aux Algériens qu'ils fréquentent, avec qui ils vivent, à part, bien entendu, un certain nombre, ils reconnaissent une grande bonté native et de l'esprit de justice. Entre indigènes, souvent dans une contestation, si l'un d'eux s'écrie : « Tel colon a dit ceci! » tout le monde le croit; car, pour eux, le Français ne ment pas. Mais ce n'est pas tout que d'être bon et brave au feu; il faut encore dans sa vie, dans sa politique, savoir se conduire avec intelligence. On en impose plus encore par l'habileté avec laquelle on sauvegarde ou avantage ses intérêts, que par la force. Pour expliquer cette anomalie, existant dans les affaires en Algérie, les Arabes se contentent de dire : « Les Juifs sont citoyens français; et ce sont eux qui gouvernent. »

Ainsi il y a vingt-cinq ans, la sécurité était plus grande que de nos jours. En voici un exemple :

En 1864, une commission traversait les pays sauvages des environs du Taya; le gros caïd Ali la conduisait. Un soir, au moment d'entrer dans un bordj, un Arabe accourt se précipiter aux pieds du caïd. Qui es-tu? lui demande-t-il. -- Un tel, celui que tu fais rechercher. — Ah! oui, l'assassin... bon. Mais, canaille, pourquoi n'es-tu pas venu plus tôt? — C'est que, doutant de mon retour prochain, j'ai été obligé de faire mes adieux à tous mes amis. — Très bien, l'on va t'enfermer, et demain tu iras te constituer prisonnier à la gendarmerie de Jemmapes. » Le lendemain soir, la commission, le gros caïd en tête, allait entrer au village. Le long de la route, dans une rangée de mûriers, le caïd aperçut un Arabe grimpé dans un arbre. Il reconnut son assassin de la veille, et en colère il lui cria : « Ah! ça canaille! tu n'as pas obéi! — Si, mais le maréchal des logis n'a pas voulu me recevoir parce que je n'avais pas de — carta — billet d'écrou. Alors sa femme m'a envoyé cueillir des feuilles pour ses vers à soie.» Autrefois, un crime avait-il été commis? Au caïd, l'autorité française réclamait l'assassin qui, sachant parfaitement qu'il ne pouvait échapper, se sauvait en Tunisie, s'exilait, ou se rendait, sans user des ruses et des tergiversations dont il use souvent avec succès, vis-à-vis de la justice aveugle d'aujourd'hui.

En 1871, à cette nouvelle du décret Crémieux, où la colère se faisait le mieux sentir, c'était au collège arabe. L'enfant répète ouvertement les opinions de son père, que celui-ci est souvent obligé de cacher; les rancunes qu'il contracte alors seront celles de son cœur; plus tard il les masquera; mais toujours elles seront vivaces. Les jeunes collégiens arabes ne cessaient de nous dire : « Mais est-ce que les Juifs sont des hommes comme nous, comme tous les autres, est-ce qu'ils nous valent, est-ce qu'ils se battent, est-ce qu'ils ont un pays ? » Et une fois, dans une querelle survenue avec un des neveux de Mokrani, et un des rares Juifs qui étaient nos condisciples, le jeune Arabe souffletait le Juif, lui crachait à la figure et lui répétait en criant : « Eh! debb! fiche-nous le camp! retourne donc dans ton pays! Giffa! » Maintenant, ces gamins sont devenus des hommes qui gardent pour leurs anciens condisciples français beaucoup d'estime, une bonne amitié; mais leur cœur porte cachée une plaie qui refroidit leur ancienne et confiante sympathie. Ils ont une rancune mal déguisée contre la France et qu'il faut surtout attribuer au décret Crémieux. Ce décret, lancé avec perfidie au milieu de l'effarement de nos défaites, est une des grandes fautes, la plus honteuse, de notre histoire contemporaine; et il sera peut-être pour la France la cause de cruelles désillusions.

XXIII

Si, chez les Arabes, il a soulevé le mépris, chez les Algériens français, il a tout d'abord rencontré le doute. Il paraissait si grotesque qu'il était impossible que la Chambre et les hommes politiques français le laissassent se promulguer. Aujourd'hui ces premiers doutes s'en sont allés; mais à leur place les germes se sont introduits chez les Algériens d'une rancune sourde qui grandit chaque jour. Cette haine de l'Algérien, contre les juifs, peut paraître agaçante et sans raison aux Français, au Parisien ignorant le voudy d'Afrique.

Là-bas, vous avez-vu une fois, frappant à votre porte, un Juif, solide gaillard, mais sordide avec ses bas bleus tombant sur ses savates, sa culotte malpropre et trouée, sa veste ruisselante de crasse. « Qui ti vendre, qui ti achiti ? » vous disait-il. C'était alors le brocanteur, le marchand aux malpropretés, le stercoraire humain. Puis, après, vous l'avez retrouvé vendant — « zi fil et zi li zigouille ». — Ensuite il a été courtier, suivant les Arabes de la campagne, leur proposant de leur vendre de la poudre prohibée et de leur acheter leurs grains. Enfin, la nouvelle vous est venue que ce Chaloum était devenu boutiquier. Au bout de quelque temps, son nom vous est apparu dans les déclarations de faillites. Aujourd'hui vous le rencontrez, superbement drapé dans plusieurs burnous de prix ; et gros, gras, adipeux, le regard insolent, il vous barre le trottoir.

« Eh bien, diront certaines gens, est-ce une raison pour le mépriser ? Il a été pauvre, misérable, mais il a fait rapidement sa fortune; pourquoi l'enviez-vous? Votre haine est condamnable. C'est un homme comme vous ; et, si vous n'avez pas ses capitaux, c'est que vous n'êtes pas aussi habile. »

Voilà justement ce qu'il s'agit de démontrer.

De colporteur, ou d'autre condition infime et basse — car enfin, qui les empêche d'être ouvriers ? Ils ont des bras forts. Pourquoi s'en tenir à exercer ces industries d'araignées? — de chiffonnier donc ou d'entremetteur d'affaires inavouables et défendues, le Juif est devenu boutiquier ; alors son évolution commence. Parvenu, grâce à ses coreligionnaires, à obtenir du crédit, il achète à une maison de France un stock de marchandises payables à quatre-vingt-dix jours. Aussitôt la marchandise reçue, il la vend au prix de facture et évite toute concurrence de la part des négociants européens. L'argent en main, il le prête, à quel taux? — La loi sur l'usure a été abolie. Quand arrive les échéances, il prétend ne pouvoir payer, se fait tirer l'oreille et, gagnant toujours du temps, paie, par moitié, pour conserver son crédit. De la sorte, il pousse ses affaires, jusqu'à ce qu'il se voie à la tête d'une somme rondelette. A ce moment, il fait faillite, quitte la ville où il vient d'exercer, et va ailleurs, sous le nom d'un parent, continuer de la même manière son industrie. De chaque endroit, au moment où il sent le moment opportun, il agit de même, sans vergogne et sans peur. Plusieurs années après, il revient à la ville riche et gros marchand. Il lâche le petit commerce, aborde les grandes affaires, la banque. Il ramasse maintenant à la pelle les décombres des fortunes et des maisons que son usure a minées et renversées, avec la protection de la loi.

Est-ce çà de l'habileté?

A un gros fabricant de coutil de Laval, dans le salon d'une maison amie, j'avais été présenté comme Algérien. Oh! me dit-il, avec un gros besoin de se soulager d'un malaise longtemps caché, oh! monsieur, les Algériens, quels mauvais clients.

Je devinais son erreur. Pourquoi? lui répliquai-je.

— De détestables payeurs, des voyageurs en faillite!

— Vous avez, sans doute, eu affaire à des Juifs?

— Justement, des Isaac, des Mardochée, des Chaloum,

ce sont bien des Algériens. Aussi je ne veux plus faire l'Afrique.

Est-il besoin d'épiloguer sur ces procédées des Juifs, sur l'erreur qu'ils entretiennent en France en jetant de la déconsidération sur l'Algérie ; et ne doit-on pas encourager et applaudir les Algériens demandant la loi sur les faillites et le retrait du décret Crémieux, qui a provoqué le mépris chez les Arabes, et peut aliéner à la mère-patrie, le cœur des Algériens.

Ce sont les rivalités personnelles qui ont perdu les Indes françaises. C'est la haine des Canadiens de Québec, contre un indigne intendant injuste et pillard, qui a favorisé la perte du Canada. Ce sont les injustices gratuites, les insolences des gouvernants français, envers les *coloniaux*, afin de favoriser leurs plus honteux protégés, qui ont révolté ces petits-fils, des émigrants qui avaient si heureusement et avec une fière espérance, baptisé cette Amérique du Nord : la Nouvelle France ; et où flotte aujourd'hui le pavillon britannique.

Le drapeau anglais ne flottera jamais ni au Peñon d'Alger ni au fort de Gouraya, dominant la rade de Bougie, la rivale de celle de Toulon ; mais n'arrivera-t-il pas un jour où, lassés et à bout de patience, les Algériens embarqueront leur gouverneur général, ce régisseur pour eux des gouvernants français injustes et absurdes? Le gouverneur n'est qu'un commis de ces gens, une sorte de Hennebeau, incapable de les défendre, dont la consigne est au contraire d'arrêter toute émancipation de la colonie. Le jour où elle sera affolée par ces spéculations, qu'arrivera-t-il ? Ce ne sera pas une grève de mineurs qu'il s'agira alors de réduire par la faim.

« Nous n'avons plus besoin de nos lisières; débarrassez-nous de ces nuées d'employés dont vous nous entourez, s'écrie, sans cesse, avec raison, mon ami Morineau, un colon aussi, qui, laissant sa propriété à son frère, est devenu rédacteur en chef d'un journal à Constantine, et conseiller général avant vingt-cinq ; débarrassez-nous de ces fils administratifs qui nous empêtrent, de ces commis, étranges zélateurs de la routine ; laissez-nous plus libres, avec nos coudées franches, pour voir clair dans nos affaires, les conduire nous-mêmes, dans notre intérêt et aussi dans le vôtre, métropolitains ignorants et imprévoyants. »

Il y a des trembleurs qui s'écrient : « Mais taisez-vous! Comment osez-vous annoncer de pareilles opinions : elles sont dangereuses ! » Dangereuses ? et pourquoi ? Si nous souffrons, n'est-ce pas à nous de le dire. Ce ne sont point nos frères de Calais ou de Pontoise qui sont capables de nous soigner et de connaître notre mal. C'est donc à nous de le dire, de le montrer, au lieu de le garder timidement, d'en être rongé et d'en ressentir une rancune cachée contre ceux à qui nous attribuons notre maladie. Sur le boulevard, dans la foule, si je marche durement sur le pied d'un passant, il se peut fort bien que, très distrait, je ne m'en aperçoive pas. — C'est à lui de crier.

A ces bons Français, qui prennent les négociants juifs pour des gens du même acabit que nous, à ces journalistes, qui nous traitent de susdits Algériens, tandis qu'ils sont bouche bée devant les Juifs et les emburnoussés d'Afrique, à tous ces Français il faut crier : « Eh ! pardon ! pas d'erreur, mon amour-propre est aussi chatouilleux. »

Loin de nous déchirer, nous nous reconnaîtrons fils d'une même mère et serons heureux de la circonstance qui nous aura fait nous expliquer.

Lorsque les relations plus étroites auront montré aux Français, que nous n'avons ni les mains sales ou crochues, ni l'esprit engourdi, ils compatiront à nos maux et avec sympathie nous aideront à nous affranchir des brebis galeuses et des loups devenus bergers que l'on envoie parmi nous.

Il n'est pas possible que l'Algérie supporte davantage sa condition, de proie jetée à la faim de ces requins, qui suivent dans les eaux gouvernementales les barques des hommes au pouvoir. En France, comme tout est bondé, on lance ces gens-là en Algérie. Arrogants et sans instruction, seulement forts de leurs protecteurs, ils s'y croient en pays conquis, gouvernent, jugent, houspillent, morigènent en cuistres, en ignards très méprisables et très méprisés.

Supposons qu'un Algérien dont le nom est très connu

dans la colonie ait cherché une fois à discuter avec le gouverneur au sujet de l'impôt sur l'alcool : « Les colons, lui aurait-il dit, trop confiants, ignorant la puissance du commerce, ont poussé leurs plantations de vignes, les premières années avec trop d'ardeur. Ils ont trop vite dépensé leurs capitaux. Aujourd'hui ils ne peuvent lutter ni avec Bercy, ni avec Marseille ou Bordeaux et, pris à la gorge, ils vendent, de 8 à 12 francs l'hectolitre, leur vin. A ce prix, la ruine est presque certaine. Si les colons brûlaient leur vin ils auraient moins de frais, fourniraient à la France d'excellent cognac, maintenant introuvable, et tireraient de leur récolte une juste rémunération. Ce serait pour eux l'aisance, la facilité d'augmenter leurs propriétés et pour les Français la garantie de bons produits. Mais voilà que le décret sur les alcools vient d'être appliqué, voté par la Chambre. C'est une faute grande et incompréhensible. »

Le gouverneur aurait répondu : « C'est la Chambre qui fait les lois. Que puis-je vous dire, que puis-je faire? Il y a six députés de l'Algérie, et il y a, peut-être, à la Chambre deux cents députés, amis, parents d'actionnaires dans telle ou telle compagnie vinicole ou de distillerie. Soyez bien persuadé que toutes les fois qu'on verra, en Algérie, une industrie naître, et capable de léser les capitalistes de France, un nouvel impôt sera voté. »

Pour prouver l'impuissance et l'injustice du gouvernement envers les Algériens, je cite encore ce fait :

Un fonctionnaire, après trente ans de service dans la colonie, dont les enfants sont établis dans le pays, demande, selon son droit, une concession. Une saline lui est offerte. Il allait faire sa demande, quand un chef de bureau le prévint que cette saline venait d'être aussi demandée par un Juif. « Sa demande est fortement et hautement appuyée; inutile de vous exposer à un échec, » lui dit-il. Trente ans de services, des actions d'éclat, tout cela, auprès d'un préfet français en Algérie. vaut-il le titre de Juif?

Ainsi, c'est pour favoriser les monopoles, les énormes capitaux qu'on grève l'Algérie d'impôts. Ces monopoles accaparent aujourd'hui tout le trafic au détriment du consommateur et du producteur; en sorte que le consommateur paye toujours plus cher, tandis que le producteur se ruine. Ce sont ces spéculations immenses et terribles sur les produits alimentaires qui seront les causes des révolutions futures. Quand le peuple de Paris et d'ailleurs paiera le pain quinze sous le kilo, le ventre creux, en rencontrant le paysan ruiné, l'ouvrier réfléchira aux sornettes débitées autrefois sur la politique, par les différents partis, par les hommes étrangers à leur état, et pour qui il a voté. Après leur avoir promis ce dont ils avaient besoin, ces politiques se sont alliés ensemble, dès qu'ils se sont assis sur le même velours, pris de la même envie d'avoir de l'or.

La France est aimable, facile, frivole; mais c'est généralement une main étrangère qui la guide et conduit sa politique. Mère aveugle et imprudente, elle couve en même temps ses œufs à elle et ceux des pies, des rapaces qui dévoreront les poussins. N'est-ce pas à souhaiter qu'une circonstance, même grave, ne la secoue et la réveille du long engourdissement et de l'aveuglement où l'entretiennent et la maintiennent tous ces étrangers? En face du danger imminent, ses yeux se dessilleront; son cœur de mère tout à coup battra à la vue de ses enfants menacés; elle s'élancera d'instinct sur eux pour les embrasser. Et leurs ennemis s'enfuiront, sans même qu'il soit besoin d'user de la force; la peur s'en chargera. Pour le moment, il n'est pas dans toute la France, grâce à cet aveuglement et à cet engourdissement, une voix qui ose encourager les malheureux; chacun au contraire essaie de maintenir dans un lâche silence ceux qui oseraient crier et se défendre. Il est deux sortes de gens dangereux, ceux qui vous attaquent et ceux qui vous empêchent de vous défendre. Les Algériens le savent et qu'ils soient bien persuadés, je le répète, que ce n'est que d'eux-mêmes qu'ils doivent attendre, sinon la justice, au moins une défense; que les Français sachent aussi, maintenant, que si les Algériens de quarante ans, en déplorant ces scandales, ces ruines causés par les Juifs, tristement murmurent : « Si nous étions les maîtres ! » Que les Français sachent donc que les Algériens de vingt ans disent déjà, hardiment : « Quand nous serons les maîtres ! » Et cette espérance, ce désir provocant de liberté, ce besoin criant d'avoir enfin l'honneur sauf et la justice assurée, d'avoir la paix, la sécurité dans son travail et sa fortune, n'est-il pas un triste présage, une certaine menace pour l'avenir ?

En attendant, les Juifs envahissent toujours, et arrivent à se faire considérer, même en France, comme plus patriotes que les Français. Ne se qualifient-ils pas de l'élite de la nation ? La frivolité, la presse juive sont les causes de cedit engouement. Pas plus que le beau monde ne demande à tous ces rastaquouères exotiques d'où ils sortent et d'où viennent leurs richesses, pas plus il ne demande, aux Juifs étrangers et millionnaires, leurs quartiers de noblesse, ou leurs titres à l'hospitalité empressée qu'on leur accorde en France. Or, ces titres sont la ruine de tous les peuples chez qui ils se sont implantés tour à tour. Ces titres sont leurs mœurs abjectes, leur Talmud, ce code d'atroce inhumanité, indigne d'un peuple civilisé, la base de leur religion qui est certainement la plus redoutable, la plus hideuse de toutes les religions humaines, entretenant chez les Juifs ces préceptes de perfidie, d'astuce, de lâcheté, de corruption qui en font les derniers des hommes, après ceux qui les aiment.

XXIV

Que penser des gens qui, dès la sortie du berceau, dans leurs chansons et leurs prières apprennent la haine pour tous les hommes qui ne sont pas de leur race, et qui se croient placés par leur dieu vengeur, cruel et inhumain, au milieu des autres peuples afin de les corrompre, les exploiter et les perdre ? Tels sont pourtant les Juifs.

Y a-t-il de nos jours, à l'apogée de la civilisation moderne, parmi toutes les nations non seulement de l'Europe, mais même des autres continents, un peuple qui garde, professe et exerce une doctrine aussi honteuse, rétrograde, plus atrocement inhumaine que les Juifs, adeptes du Talmud ?

Lorsqu'en 1880 Jules Ferry monta à la tribune et dénonça les Jésuites comme pernicieux, propagateurs de doctrines malsaines, de morale douteuse, le Parlement vota leur expulsion, et rejeta hors de la France les hommes dont les principes, lui disait-on, pouvaient corrompre la jeunesse, inquiéter la moralité et la paix des citoyens.

Aujourd'hui, j'en appelle à tout homme de cœur et de talent qui siégera au Parlement français et je le défie de pouvoir oser dénoncer à la tribune le hideux Talmud, cette honte de la politique corrompue et aveuglée des Européens, cette preuve indéniable de la haine constante à travers les siècles, des Juifs envers tous les peuples, même de leurs bienfaiteurs.

Le Mirabeau de 1890, dont la voix vibrante, l'énergie, la sauvage hardiesse devraient ébranler cette nouvelle monarchie absolue du Veau d'or, où est-il ?

Semblables aux forêts emplies et ébranlées par un vent furieux, les peuples et les gens malheureux seront remués et secoués jusque dans leurs racines au souffle puissant de sa parole. Comme l'arbre sent le frémissement de ses feuilles, le craquement de ses branches, ils sentiront, les hommes esclaves du Veau d'or, le frémissement de toutes leurs douleurs, l'ébranlement de leurs misères secouées et agitées par sa voix, ouragan terrible.

Et alors, ces parasites installés dans toutes les industries qu'ils exploitent, à cet ouragan terrible sentiront venir pour eux le souffle de la mort, ou s'ils sont prudents et avisés, le vent de l'émigration, de la fuite.

Aux politiques d'aujourd'hui, pour lutter, que leur manque-t-il ? Leur intelligence ne leur fait-elle pas voir le danger ? leur cœur ne sent-il pas tous les jours un mal puissant et secret chasser nos sentiments les plus nobles? Pour eux, le courage est donc mort ?

César, raconte qu'au siège de Bourges, pendant l'incendie d'une tour de bois, sur le sommet du rempart de la ville, un homme s'était levé, et, de là, jetait dans la tour embrasée des boules de poix, afin d'en activer l'incendie. Un trait parti d'un scorpion renversa cet homme. Aussitôt il fut remplacé ; et, pendant tout le temps que dura l'incendie, ce poste mortel ne fut pas un instant abandonné.

Vieux sang gaulois, amour puissant du pays, intrépidité de nos aïeux, qui ont sauvé déjà trois fois l'Europe, le monde civilisé des barbares, qu'êtes-vous donc devenus?

Aujourd'hui, ce qui manque aux Français, ce n'est point le courage sans doute ; pour un soufflet, une rivalité d'amour, beaucoup iraient risquer leur vie en duel ; ce qui leur manque, c'est la foi dans le péril, c'est la volonté de vouloir l'étudier ; c'est, enfin, de n'être pas encore assez ruinés, assez abreuvés de fiel, assez désespérés, assez affamés, par ces tyrans, pour oser et vouloir les attaquer, les combattre sans merci.

Egoïstes, égoïstes et lâches, ô vous députés qui, nommés par les Français pour les défendre, sentez et voyez ce péril, mais ne voulez ni le dénoncer ni le combattre, pour garder un silence prudent ; vos enfants qui crèveront de faim, qui se massacreront peut-être, vous maudiront !

Qu'il serait pourtant beau d'audace, celui qui monterait à la tribune, le Talmud en main, et dirait : « On nous a dit : « Le cléricalisme voilà l'ennemi! » — et nous avons chassé les religieux; « le péril est à droite ! » — et le pays a hautement rejeté toute idée de monarchie; — « le péril est à gauche! » — et les radicaux d'autrefois sont devenus des modérés. Ainsi, depuis dix ans, tout a trouvé son remède; cependant nous sentons tous, une oppression, de plus en plus, s'appesantir sur la Patrie, toute idée de justice détruite et bafouée, un danger immense et invisible nous menacer.

Eh! bien, quel est-il ce danger?

Ce sont les Juifs! les banquiers, les sectaires de ce livre que je tiens à la main : Le Talmud.

Je vais vous en lire une page.

« Juifs, vous êtes, le peuple élu et aimé de Dieu; les autres peuples ne sont qu'une tourbe impure que Dieu méprise. A vous seuls il a promis un sauveur; il vous a distingué de tous les autres peuples, n'oubliez pas de ne jamais vous unir à eux... Dieu lui-même vous a donné une loi religieuse et civile, à laquelle seule vous devez obéissance; les lois des rois de la terre sont l'œuvre des hommes et n'ont aucune signification pour vous. Vous ne leur devez *obéissance qu'en apparence et pour éviter les persécutions*. Par la volonté de Dieu, vous êtes destinés à cette disparition temporaire, soumettez-vous à sa volonté sainte et attendez avec patience le moment où sa colère se changera en miséricorde. Dans l'attente de l'exécution des promesses divines, vous êtes tenus : 1° de vous lever, au premier appel du Messie, de ne pas vous unir aux autres peuples, de ne vous attacher à aucun lien ni à la terre; 2° de faciliter l'œuvre du Messie, c'est-à-dire votre affranchissement de l'étranger et votre règne sur la terre; de n'avoir aucun égard pour le bien-être des autres peuples, de veiller uniquement au vôtre. Dans les pays étrangers vous devez semer la discorde, la prodigalité (la débauche) et l'ivrognerie, tout en fuyant pour vous-même ces vices. »

Telle est, la préface de ce Talmud, ce cathéchisme des Juifs : je passe à quelques-uns de ses préceptes.

« Toutes les paroles des saints rabbins viennent de Dieu. Aussi, que tes oreilles et ton cœur soient comme un entonnoir pour les ordres et les défenses[1].

Les saints rabbins sur la terre sont beaucoup plus sacrés que les anges du ciel[2].

Les âmes qui ne sont pas juives sont des âmes de bêtes[3].

Les fidèles seuls, c'est-à-dire les Juifs, iront en paradis; les infidèles iront en enfer[4].

[1] Tr. Chagiga, f. 3, 2. Rabboth Bemidhar, § 14, f. 210. Com. aux quatre livres de Moïse. Bemidh. 300 ans après J.-C.

[2] Sanhédrin, § 11, et Chulin, § 6.

[3] Jalk. Med., f. 154, c. 2 et 7 T. nesch.

[4] Tr. Chagiga, f. 15, 1; Erob. 19. 1

L'enfer contient du fumier, des excréments, des pleurs et des ténèbres; dans chaque compartiment il y a six mille bahuts et dans chaque bahut six mille tonneaux de fiel[1].

Le règne des Juifs sera précédé d'une grande guerre où périront les trois quarts des nations, de sorte que les Juifs devront mettre sept ans à brûler les armes enlevées sur les ennemis[2].

Celui qui frappe le Juif au visage agit comme s'il outrageait la majesté de Dieu; le gentil qui frappe le Juif doit être puni de mort[3].

Il y a une différence entre les choses; les plantes et les animaux ne peuvent se passer de secours humains, et autant l'homme est supérieur aux animaux, autant les Juifs sont supérieurs à tous les autres peuples de la terre[4].

Une famille qui n'est pas juive, est une famille d'animaux[5].

Vous seuls Israélites vous êtes des hommes; les autres peuples ne sont pas des hommes, puisqu'ils sont nés des impuretés d'Ève[6].

Ne dépouille pas ton prochain, tel est l'ordre de Dieu;

[1] Berchith. hokm., f. 37.2.
[2] Nyenc. jesch. f. 74. 4; 76. Abarbanel March. j. f. 49, 1-3.
[3] Tr. Sanh., f. 58, 2.
[4] Zeror. h. f. 101 2.
[5] Tr. Jebam. f. 94-2. Tos.
[6] Emel cha melich, p. 67.

mais ton prochain c'est le Juif; les autres ne sont rien[1].

Les Juifs doivent seuls vivre selon le commandement de Dieu, et tout ce dont ils ont besoin doit être fourni par les autres peuples[2].

Ceux qui ne sont pas Juifs sont des chiens ou des ânes[3].

La femme étrangère qui n'est pas fille d'Israël est une bête[4].

« Il est dit dans le Thora : Ne désire pas la femme de ton prochain, et : L'adultère est puni de mort. Le Talmud, enseigne, de son côté, que Moïse défend l'adultère avec la femme du prochain, c'est-à-dire du Juif; les femmes de ceux qui ne sont pas juifs ne sont pas comprises dans la loi[5].

S'il est défendu aux Juifs de saluer l'infidèle, néanmoins, comme une perle précieuse, subsiste ce texte : « Sois rusé dans la crainte du Seigneur, » aussi salue l'étranger, pour qu'il te respecte et te laisse en repos et que tu puisses ainsi éviter des désagréments[6].

Le sarcasme et le rire sont défendus aux Juifs; mais il leur est permis de conspuer et de ridiculiser le chrétien et sa religion[7].

[1] L. Sanhédrin, p. 7, c. 59.
[2] Tr. Berach, 25-2.
[3] Talk. rab., f. 10-2.
[4] Tr. Sanh., f. 52-2.
[5] Pirke, ch. 53, Tr. Gittin, f. 61-1; p. 62-1. Tr. Berach, f. 17, 1.
[6] Kicer Schilchen Urych, c. 167.
[7] Memorar hamar, 3, p. 13, et dans le Talmud Bovskimo

Il n'est pas permis au Juif de dépouiller ostensiblement l'étranger pour ne pas s'attirer des poursuites; mais il est permis de lui dérober en secret[1].

Les fidèles en qualité d'amis et de fils de Dieu peuvent tromper les infidèles; car il est écrit : Sois pur envers les purs et fourbe envers les fourbes[2].

Tromper les autres (les étrangers) est non seulement permis; mais il convient de le faire[3].

Que le témoignage de l'étranger soit rejeté sans exception[4].

Le rabbin Majmonides écrit : « Dieu a ordonné de prêter à usure à l'étranger *et seulement à usure*, même si l'étranger est utile au Juif, encore faut-il lui causer du dommage; chose défendue envers les Juifs[5]. »

Le rabbin Bechaj écrit : « Si la vie est à toi, à plus forte raison son argent t'appartient[6]. »

Tiwo szabagoim harojch : Le meilleur des infidèles tue-le[7].

Tu travailles à ton salut en tuant de ta main le Menacnin, c'est-à dire le renégat[8].

[1] Tr. Baba 6, f. 123, 1 ; Tr. Megilla., f. 17, 1.
[2] Rab. Levi ben serson, ex dlic, du Thora.
[3] Scholch. Aruch. Chos ham Hammish, f. 40,2 c. N[1] 34, § 19.
[4] Jeph. mizd ., f. 73, 4
[5] Sur Pentat., f, 313, 4, Teze.
[6] Tr. Aboda s. f. 26, 2. Tos Ven. Soph., 13, 3.
[7] Tr. Aboda, f. 4, 2 Tos.
[8] Valkant Reoubeni, 93, 1.

Tue le plus juste des païens; il mérite la mort, par cela seul qu'il n'est pas Juif, et par cela aussi, il n'a aucune valeur[1].

Majmonides dit : « Tout Juif qui ne tue (naturellement tuer est ici pour : faire tuer; car le Juif est toujours tenu d'éviter de se compromettre) pas l'infidèle lorsque cela est en son pouvoir agit contrairement aux ordres de Dieu. »

Si à la tribune de la Chambre des députés ces maximes étaient dénoncées, qu'en serait l'effet?

Les Algériens tout jeunes ont entendu autour des synagogues les rapsodies chantées du *Talmud;* leur intelligence, en grandissant, a saisi le sens de ces cantiques passés en préceptes pour les Juifs dans leurs rapports, avec les Etrangers, aussi les connaissent-ils, les craignent-ils, les méprisent-ils justement.

Voici du reste une preuve de leur puissance néfaste et de leur audace pour corrompre nos mœurs, et provoquer d'effrayantes calamités.

[1] Sephez Mitz., f. 85, c. 2, 3.

XXV

Aux élections de 1885, à Constantine, il fut installé un magasin d'achat de votes. Le bulletin ayant une valeur, les Juifs aussitôt en trafiquèrent. Les députés opportunistes, dont l'un est un Juif croisé, très riche, possédant à Paris la moitié d'une rue dans la plaine Monceau, se déclarèrent acheteurs.

Le bulletin à la main, l'électeur juif venait, avant le vote, toucher un acompte. On l'embrigadait pour aller voter ; et, après, il retournait au comptoir toucher son reste. Parmi les adversaires des opportunistes, il y avait bon nombre de gens simples et naïfs qui, jusqu'alors, avec leurs bons principes, leurs excellentes idées sur la politique à suivre en Algérie, pour le bien commun de tous ses habitants, avaient cru pouvoir compter sur une partie des Juifs s'affichant comme radicaux, indépendants. Un pareil spectacle dessilla à peine leurs yeux ; et ils vinrent au nom de la morale politique, se plaindre aux auteurs de ce scandaleux trafic. « Faites-en autant ! » leur fut-il répondu.

Toutes les voix juives tombées en un seul bloc dans la balance, assurèrent aux corrupteurs la victoire, — victoire bien indécise quand même. Ce fut une rumeur inquiète dans toute la province, à cette nouvelle. Puis, quand ce succès inespéré et honteux fut expliqué par l'achat des votes, une véritable fureur s'empara de tous les Algériens, même de ceux qui avaient voté pour les candidats favorisés par les Juifs. Loin de triompher en silence de leur méfait politique, les vainqueurs sonnèrent des airs de bravoure et demandèrent une éclatante manifestation pour célébrer leur succès. Tout, chez ces gens, l'ostentation, le besoin de la réclame, l'insolence dans la réussite, les aveuglent et leur ôte toute clairvoyance ! C'est leur seul défaut ; mais il les perdra, heureusement.

Aussi un punch fut-il bruyamment annoncé auquel étaient conviés tous les ambitieux, les voraces, les malheureux fonctionnaires.

Une telle outrecuidance, parmi les citoyens libres, exaspéra les plus timides. Elle ressemblait trop à la vantardise provocante de voleurs impudemment enrichis qui affectent de trôner au milieu de leurs victimes. Tout Constantine comme un seul homme sentit l'outrage et résolut de ne pas le subir. Une rumeur, non pas sourde mais hautement menaçante, s'éleva dans toute la ville, la veille de la date fixée pour cette fête.

Tous les gens sages souhaitaient que la provocation n'eut pas lieu. Mais les vainqueurs enivrés et insolents, bravant toutes les conséquences, résolurent de pousser jusqu'au bout, sûrs d'être soutenus par l'autorité.

Le soir, sur la place du Palais, grande comme est celle du Louvre, à Paris, devant le café où devait avoir lieu le punch, la population entière arrivait par grands flots mouvants et bruyants qui formèrent une mer humaine, houleuse et grondante, toute prête à se déchaîner.

Ce fut d'abord de simples sifflets, des cris bizarres, plutôt gouailleurs que menaçants. Le café préparé et décoré s'illuminait ; quelques invités arrivaient. Ils furent salués par des bordées de sifflets. A mesure que d'autres apparaissaient, les cris augmentaient ; de gouailleurs d'abord ils devinrent menaçants devant la bravade qui s'accentuait. Quand un homme connu, se faufilant le long des murs, était aperçu, des sifflets, des qualificatifs mordants l'accablaient : il était forcé de passer sous ces fourches caudines du mépris de ces gens dont il trahissait les intérêts, sans subir toutefois aucune brutalité.

Peu à peu le nombre des arrivants augmenta ; mais aussi dans la place toute pleine, les flots de la foule, sous le souffle de la colère, se déchaînaient. Et comme des lames écumeuses, les menaces maintenant s'abattaient sur les invités qui arrivaient. Un grand nombre emplissant la salle, beaucoup, les chefs surtout, s'étaient introduits par de petites portes éloignées ; le punch commença. L'éloignement, les stores baissés, empêchaient les banqueteurs de voir l'agitation de la foule. Le brui des saluts entre hommes qui veulent être vus et entendus pour marquer leur présence, les congratulations, empêchaient d'entendre la tempête du dehors grandissante.

Un retardataire arriva, pâle et tout tremblant. Et, par la porte entr'ouverte, un bruit d'ouragan pénétra ; une échappée de la foule furieuse s'aperçut, pareille à la gueule menaçante d'un fauve. Un frisson passa sur tous les bruyants banqueteurs au milieu desquels le silence se fit subitement. La peur les saisit, surtout les chefs s'inquiétaient. Les représentants de l'autorité se penchèrent vers eux et offrirent de faire exécuter les ordres reçus. Paris avait été prévenu ; l'autorité, aux rumeurs de la veille, avait pressenti un orage et demandé des ordres. Des ministères, ils étaient arrivés impitoyables, comme s'il se fût agi de combattre des bandits et des forçats.

Ce soir-là, toutes les casernes furent consignées. La Kasba, sombre et haute, avait sa grande porte de fer tirée. Tandis que Zouaves et Turcos étaient enfermés et inquiets de ces précautions, une compagnie fut appelée. Une émotion poignante saisit tous les soldats de la Kasba quand ils virent descendre vers la place, d'où montait l'orage de la colère de la ville, cette compagnie choisie, portant baïonnette au canon et fusils chargés. A la vue des flammes blanches des baïonnettes, ce fut une rumeur et des cris étranges sur toute cette place, ordinairement si bruyante de gaieté. De malheureux cris furent d'abord poussés par la foule en furie, qui venait de reconnaître, parmi les zouaves, des Juifs, et voyait dans leurs yeux briller une lueur infernale de haine et de vengeance altérée de sang. Mais bientôt d'autres acclamations s'élevèrent. Ce fut aux cris de « vivent les zouaves français! » qu'on leur fit place, et qu'ils purent, au milieu de cette foule, très gaie devant eux, aller se placer devant le café et le protéger, la baïonnette croisée. « N'ayez crainte, leur criait-on, nous ne voulons, les amis, rien tuer ni casser, nous voudrions seulement « les faire sauver » ces insolents qui, après nous avoir volés, trompés, se moquent de nous! »

Cette arrivée de la troupe, loin d'effrayer et de calmer la foule, en l'exaspérant l'excita. Pareil au taureau, peu effrayé des banderillos et de la lance des picadors, ne songeant qu'à les enlever de son cou puissant pour fondre sur le drapeau rouge agité devant lui et qui l'enivre de colère, le peuple, vers la baie lumineuse du café provocateur avançait, malgré les fusils et les baïonnettes.

Sur une plage sablonneuse la mer furieuse déchaînée vient déferler avec un grand bruit; mais que devant cette plage de sable une puissante jetée soit élevée, et s'oppose aux flots, un choc effrayant se produit, et les tempêtes paraissent plus grandes avec les flocons d'écume qui volent en l'air. Ainsi, sur toute la place, véritable mer humaine démontée, l'ouragan roulait et venait éclater sur les baïonnettes. La foule s'avançait toujours sur les fusils, peu à peu, sous une poussée formidable et irrésistible. L'espace réservé d'abord devant le café avait été franchi. Les zouaves allaient être acculés aux vitres. Dans les yeux des zouaves français les Algériens lisaient l'envie de laisser passer ce flot de colère vengeresse des faibles, des dupés contre les voleurs enrichis.

Les zouaves sont en majorité formés de Parisiens et d'Algériens, une grande sympathie les unit à la population algérienne-française ; ils détestent atrocement les Juifs, qu'ils sont honteux et désolés d'avoir depuis quelques années dans leurs rangs.

N'ayant plus qu'un pas à faire, comme une lame géante, la foule se ramassait, se reculait, pour prendre son élan. Ce fut un moment d'arrêt dans toutes les rumeurs ; tous sentaient, à cet instant décisif, que quelque chose de terrible approchait. Et dans la salle du punch, plusieurs dignitaires avaient suivi et senti le danger venir. Un des chefs s'approcha du vitrage, et examinant la foule si près et si furieuse, il pâlit. Sa colère augmenta sa haine. Aussi, quand un des hauts fonctionnaires effrayé de sa peur, se pencha encore vers lui, lui ordonna-t-il de faire exécuter les ordres reçus du ministère. L'officier des zouaves venait d'avertir qu'il ne pouvait plus tenir.

On lui répondit d'obéir immédiatement à sa consigne, quelles que dussent en être les conséquences.

Alors à la foule presque victorieuse, il fut crié : Arrière ! puis le clairon sonna pour faire la première sommation de la loi martiale.

Ce premier appel fut accueilli par des cris de fureur. Un temps se passa. Un second appel résonna, vibrant. La rumeur sortie de toutes les poitrines grondantes s'apaisa, et la stupeur envahit et immobilisa tous ces hommes. Un troisième et dernier appel éclatant et sinistre retentit. Un silence effrayant se fit alors dans tout ce peuple. L'angoisse étreignit tous les cœurs ; chacun avait compris que l'écho de ce dernier coup de clairon appelait la mort.

Eperdue et stupide, la foule recula. Ce soir-là, les Algériens de Constantine ont refoulé leur colère au fond de leurs cœurs ; mais elle y est toujours et y fermente.

A quelque temps de là, le fils de mon bourrelier, avec qui j'avais fait mon année de service aux zouaves à Alger, vint me voir et chercher du travail. En parlant de ces événements récents, il me dit : « Je ne voudrais pas avoir de mauvaises pensées, mais si jamais une pareille circonstance se reproduisait, si, après des manœuvres aussi honteuses et permises, on lançait l'armée contre le peuple justement affolé de colère, je souhaite d'être parmi ceux qui seront requis pour tirer sur la foule ; car, quel que soit l'officier qui donnera l'ordre de tirer, les morts tombés sous les balles de mes voisins seront vengés ! »

Si, aujourd'hui, un calme apparent se montre à la surface, le feu couve et se répand dans l'intérieur de toute cette terre. Il éclatera au premier tourbillon du vent, à la moindre circonstance que soulèvera encore la colère des Algériens. Alors de nouveaux ordres seront redemandés et on les exécutera. Le sabre de l'officier s'élèvera en fendant l'air d'un éclair brillant, et des fusils partira une décharge qui foudroiera ces malheureux, coupables de crier de douleur, de demander justice contre ceux qui les corrompent, les volent.

Mais aussi quelle sera la suite, la conséquence de ce massacre ?

C'est cette sommation, sous peine de mort, faite à la population de Constantine ; c'est ce triple coup de clairon de l'armée, qui ne devrait que défendre la Patrie, le peuple entier, contre les peuples ennemis, employée aujourd'hui par les politiques pour défendre les voleurs enrichis du bien des faibles ; c'est ce signal de la tuerie par les soldats, de leurs frères du peuple, que je voudrais que tout Français ait entendu, pour savoir où le péril qui nous menace nous conduira.

Ah ! quel frémissement d'horreur et de pitié elle provoque encore, de longues années après, dans l'esprit et le cœur de ceux dont les oreilles l'ont entendue, cette sinistre sommation ! Et toutes les fois qu'une occasion, qu'un sujet la rappelle, elle vibre dans notre mémoire comme un écho persistant ; notre poitrine en est oppressée tout d'abord, puis cet écho résonne à notre cœur, il bat l'appel au courage, à la force, pour donner l'assaut à ces principes, à ces opinions, à ces décrets, causes de ces affreux présages de massacres fratricides.

Si les Algériens haïssent si fort les Juifs, c'est que c'est chez eux que les hommes de cette race se sont le plus montrés à nu avec tous leurs vices de corruption ; c'est que c'est chez eux, sur ce sol arrosé du sang de leurs pères, et francisé par eux, au milieu de leurs villes si rapidement transformées et embellies, qu'a sonné le premier coup de menace de mort du clairon de la guerre civile, appelée et menaçante en Afrique.

Quelque temps après ce premier mouvement, d'autres scènes provoquées par les mêmes motifs eurent lieu à Alger.

Des Juifs, excités par l'anisette, se sentant — di corage — avaient voulu faire le coup de poing avec des conscrits algériens, mal leur en prit. Ils revinrent en nombre, et assommèrent une moitié de leurs adversaires en poursuivant les autres à coup de pierres avec ces insultes grossières : « Sales Français ! allez donc trouver les Prussiens ! et qu'ils vous rossent de nouveau ! »

Le bruit s'en répand aussitôt dans la ville ; la population s'en émeut. L'instruction se menait lentement. D'autres scènes scandaleuses aggravèrent la situation, et dans quelques boutiques juives des dégâts furent commis.

Aussitôt Paris est prévenu ; des ordres arrivent immédiatement, et la cavalerie, la gendarmerie, montent à cheval.

Ainsi, à la suite d'une querelle d'ivrognes, pour quelques boutiques bousculées, les ministres de Paris s'émeuvent, s'empressent d'expédier des ordres sévères, tandis qu'à la Bourse de Paris les banques juives, par d'heureuses razzias, impunément peuvent enlever des centaines de millions à l'épargne française, jettent des milliers de français dans la misère et la honte ! O Justice, aujourd'hui !

Sur les longs et beaux boulevards d'Alger, devant ce déploiement grotesque de forces, la foule huait et sifflait. Les gendarmes étaient massés. A un moment, ils rassemblèrent leurs chevaux ; leur officier, voulait absolument charger la foule, bien qu'elle se contentât seulement de gouailler ces soldats français, défenseurs des Juifs.

Tout à coup, l'officier met sabre au clair et va donner le signal de la charge. Un épouvantable massacre était imminent. Cette cavalerie allait passer sur la foule semblable à un rouleau et l'écraser, la piétiner, comme une aire de blé. Alors de la foule, Guillemin, le maire d'Alger, s'élança. — Que son nom reste célèbre ! — et s'adressant à l'officier, il lui dit : « Chargez, si vous y tenez ; mais, avant d'écraser ces malheureux, vous passerez sur moi ! »

Souvent en Algérie, dans le Sahel, sous l'influence contraire du soleil brûlant et de la vaste plaine liquide et remplie de fraîcheur de la mer, l'air est emporté par des courants différents, venus du nord ou du sud. Parfois dans les vallées étroites du littoral, l'on voit, au haut des collines, ou sur les flancs des montagnes, les bois d'oliviers s'argenter par le vent qui retourne les feuilles, tandis qu'en face de ces bois qui mugissent sous le souffle brûlant du sirocco, les arbres de l'autre côté de la vallée frémissent sous les fraîches haleines de la brise.

Peu à peu, en augmentant leur force, ces deux vents différents élargissent leur front, s'étendent et descendent dans le fond de la vallée.

Lorsque ces courants opposés se rencontrent, ils s'étreignent comme deux lutteurs. Sur les routes, dans la plaine, l'on aperçoit alors une grande colonne qui s'élève vers le ciel, épaisse de poussière et pleine de débris de la terre de toutes sortes. Quand ils sont peu étendus, ces phénomènes, ces tourbillons sont curieux ; mais, quand ces deux grands courants contraires sont violents, ces tourbillons deviennent terribles. Les toits sont soulevés, les arbres brisés, et, comme de simples fourchées de paille, les meules entières sont enlevées et semées dans les champs.

Dans les sociétés, il y a, de même, deux grands courants qui se disputent l'empire, le courant de la richesse, et celui de la misère. Lorsqu'ils se rencontrent un jour, ne voulant céder ni l'un ni l'autre, ils s'empoignent, roulent leurs spirales effrayantes, forment ces tourbillons qui sont les révolutions.

En Algérie, les hommes se sont mis avec fièvre au travail. Les uns emportés par l'enthousiasme pour le travail de la terre, les autres par l'ambition la plus effrénée. Aujourd'hui, les uns et les autres s'arrêtent pour regarder s'ils vont bientôt profiter de leurs travaux.

Les colons contemplent avec fierté ces terres défrichées, ces vignes plantées, ces beaux blés qui poussent; puis, se souvenant que lors des mauvaises années, au milieu des travaux trop forts, ils ont été obligés d'emprunter pour vivre, ils se remettent sans trêve à la besogne pour arriver à se liquider et gagner un repos assuré.

Les usuriers passent en calèche sur les routes, examinant les propriétés. Quand ils voient qu'elles commencent à être bien mises en valeur, ils se disent : « Voici le moment psychologique. »

Et les huissiers viennent; la propriété est vendue; le colon perd quelquefois vingt années de travail; sa vie ravagée, le cœur empoisonné de fiel, il quitte l'Algérie et gagne l'Amérique, où il porte sa haine contre ceux qu'il accuse d'être les auteurs de sa ruine. Banni par l'injustice de nos jours, il va rappeler les malheureux expatriés de la Révocation de l'Edit de Nantes, ces réfugiés sur le Rhin, dont les enfants sont aujourd'hui les soldats les plus acharnés de l'empire allemand.

XXVI

Ainsi que le disait le sculpteur, il est assez difficile d'oser pouvoir maintenant broder des idylles entre des fils de colons et des petites Zorah, gardeuses de chèvres, ou de faire adresser par les premiers des élégies à des Esther.

Autrefois, les officiers et les employés dans les villes, faute de françaises prenaient des indigènes. Les merles remplaçaient les grives. Malgré la condition très infime de ces femmes, l'on s'aperçut pourtant du mal que leurs relations causaient ; un ordre survint un beau jour qui enjoignait à tous les officiers ou employés d'avoir à se débarrasser des femmes indigènes, mauresques ou juives, qu'ils avaient.

Quelques-uns, pris déjà complètement du mal, brisèrent leur carrière, pour rester avec leurs maîtresses.

Je me rappelle avoir vu un ancien capitaine vivant avec une Delloula ; il était montré comme une honte ;

indigènes et français le méprisaient également. Un jeune magistrat s'était entiché d'une Juive, écureuse de vaisselle dans un restaurant. Sa démission donnée, il fut forcé, pour vivre, de devenir homme d'affaires. Naturellement, toute sa clientèle fut des Juifs qui le firent tremper dans de sales besognes. Il fut exclu du tribunal. Ses anciens chefs avaient espéré, par ce moyen radical, l'enlever du pays et le faire échapper à la puissance qui l'avait perdu. Hélas! il s'apprêta à partir, pour gagner Tunis; mais la Juive le sentant alors sans avenir, déshonoré, refusa de le suivre; et il s'empoisonna.

Entre la Juive et la Mauresque il y a une très grande différence.

La Mauresque vous attire d'abord par son type singulier, l'ardeur de son regard brûlant. Vous la fréquentez par besoin ou par curiosité. Elle n'est pas gluante, ne cherche pas à vous accaparer et ne rassasie pas. Marchande d'amour, elle ressemble au marchand maure vendant des soieries.

Il vous montre ses marchandises sans empressement, avec une certaine dignité; c'est une grâce qu'il semble vous faire. En étalant ses étoffes, il ne les vante pas par des flots de paroles ; s'il vous en fait remarquer les qualités, ce n'est que discrètement. Il se refuse à tous ces trucs, à ces tours de main, pour les faire bouffer, miroiter et exciter votre désir. Vos besoins, vos yeux, la lourdeur de votre bourse, doivent seulement, selon lui, vous guider. Le prix qu'il donne est fixe et honnête ; après vous l'avoir donné, il vous regarde avec tranquillité et hauteur, en fumant gravement. C'est le parfait gentilhomme marchand, qui vous « céde ses étoffes pour de l'argent ».

Quelle différence avec le Juif !

Il vous appelle, il vous amène à sa boutique pour vous crier et vous montrer ses marchandises. Avec un empressement merveilleux, jamais las, il lance ses soieries sur son comptoir et vous les déploie ; de la main il les fait bouillonner, miroiter, bouffer. Avec ses grands yeux noirs dans les vôtres, il devinera vos désirs ou votre indifférence et vous dépliera des dizaines de pièces d'étoffes jusqu'à ce qu'il ait vu luire, sous votre paupière, un désir.

Par des paroles mielleuses, il vous cajole et vous prie d'acheter. Autant il est arrogant et prompt, vis-à-vis d'un besoigneux, d'un pauvre, autant il est obséquieux, jusqu'à être insupportable, vis-à-vis d'un riche et d'un indifférent. Il vous met la marchandise dans la main, espérant par amour-propre que vous n'oserez pas la rendre. Il vous prie, vous supplie de lui acheter, il serait si heureux de vous voir lui prendre quelque chose ! Dès que vous avez demandé un prix, un chiffre énorme vous a été crié ; il tient la dragée haute, sentant qu'on a mordu à l'appât. Si vous le quittez, il court après vous, vous ramène, baisse sou par sou et finit par vous laisser cette marchandise à moitié de son premier prix. Et vous l'emportez, satisfait et heureux d'être débarrassé.

Sans doute qu'après vous direz : « Oh ! le voleur ! » que lui importe ? son seul but est d'arriver à avoir votre argent. Irez-vous lui reprocher son vol ? il vous répondra : « Pas possible ?... mais, mon zami, ji ni pas voir mieux que toi ! » Et devant un tel dédain de l'honnêteté, une telle effronterie, vous n'éprouverez point une grande surprise, car vous vous répéterez : « C'est un Juif ! »

Cependant, malgré cette expérience vous reviendrez chez eux, si vous vous approchez de leurs boutiques, si vous laissez vos yeux s'arrêter à ces habiles mises en étalage, si vous vous laissez approcher par eux et vous souffler le désir d'acheter, ou la curiosité de voir. Si bien, ils savent pervertir vos besoins, en cajolant votre amour-propre, ils savent si bien vous étourdir de cent façons, vous entortiller de désirs et d'hésitations, ces maîtres vendeurs, qu'arrêtés devant leurs boutiques vous serez pris, et volés. Détournez les yeux, fuyez leurs parages ainsi que certains coins du boulevard. Eh bien, les femmes marchandes de sourires, des deux races, Juives et Mauresques, ressemblent à leurs marchands d'étoffes.

La Mauresque, sans frais d'étalage, montre sa beauté, ses grands yeux brillants, son corps solide et bien proportionné ; elle l'offre sans provocation et sans empressement. Elle n'use point de remuements lascifs pour le faire valoir, ni ne cherche à rassasier vos ardeurs et à surexciter vos désirs, n'étant point débauchée. Son corps et son esprit sont incapables de caresses, sans pouvoir partager vos enthousiasmes ; sa gaîté n'éclatera pas pour chanter avec vous une heure heureuse, une nouvelle agréable.

Mais si elle n'est pas caressante et câline, si elle ne sait pas aimer ni se faire complètement aimer, si même sa froideur paraît voulue et vous la montre presque toujours amoureuse revêche et sacerdotale, elle n'est pas dangereuse comme la Juive, enveloppante, libidineuse et perverse.

Et dans la Juive il y a deux femmes : l'amoureuse et la maîtresse, l'amoureuse quand elle vend à tous du plaisir, la maîtresse quand elle s'attache à un seul individu.

En voyant une de ces amoureuses, vous pourrez en admirer, à l'aise, un moment, son corps, et ses belles formes, ses yeux, ses talents d'habile courtisane et sa virtuosité. Devenue maîtresse, la fille de Judas se révélera avec son instinct destructeur, attaché à sa beauté. Dès qu'elle sent un homme amoureux d'elle, devenu son sujet, elle lui fait perdre la liberté par sa passion, l'annihile par ses caresses afin de l'absorber et de le ruiner.

Ah ! ne l'aimez jamais ! Si leur beauté vous émotionne et vous captive, voyez-les comme les artistes, en modèles. Si elles vous plaisent, jouissez-en ; n'en faites jamais vos maîtresses !

Vous pourrez les aimer et éperduement, et jamais elles ne vous aimeront complètement. Elles ne ressemblent point aux belles Grecques d'Amathonte et de Cythère, accueillant sur les rivages aux lauriers-roses, les navigateurs, aux chants des cymbales, chantant la beauté, la joie, comme les seuls biens de l'homme. Pour les Juives, leur corps est une marchandise dont chaque caresse vaut tant. Leur cœur ne s'émeut, leurs nerfs ne s'agitent et leurs lèvres ne se lubrifient pour les longs baisers, qu'au seul tintement de l'or.

Malheur à l'homme dont elles s'emparent ! il leur faut son or. Semblables à des taupes, elles fouillent dans sa maison, partout pour le trouver, et sapent sa fortune qui s'écroulera bientôt.

Les abeilles cherchent et recellent le suc précieux des fleurs, les stercoraires fouillent les fumiers, les Juives attirent l'or des hommes.

L'amant de la Juive tombe bientôt dans un état lamentable. Il perd la tranquillité de sa vie ; son travail se décuple, son intelligence est surmenée ; sa famille abandonnée pour satisfaire le besoin de sa maîtresse. Plus de paix, même dans son repos ; plus de tranquilles et longues amours ; esclave désormais, il doit s'ingénier sans cesse à trouver et gagner la fortune. Attiré et retenu par la luxure, accablé par le luxe de la Juive qui entre les baisers crie sans cesse : « De l'or ! de l'argent ! »

Puis, quand pour s'en procurer, il aura vendu tous ses biens et usé toutes ses forces ; quand il lui aura sacrifié toute sa vie, quand il sera épuisé, la Juive le renverra et cherchera une autre proie.

La première fois que vous en recontrerez, vous ne verrez en elle qu'une belle créature, bien membrée, d'un puissant attrait sensuel avec ses grands yeux profonds et luisants, sa bouche de pourpre, aux lèvres fortes et saignantes, aux dents d'émail.

Peu à peu son charme vous pénétrera. Elle vous enlace, elle vous enserre, et en usant vos forces, elle vous fera crier de plaisir. Elle criera, elle aussi ; mais son plaisir n'est pas égoïste et désintéressé ; elle s'en sert comme d'un moyen pour aider à son œuvre : « Avoir de l'or ! »

Pour obéir à sa divinité, à sa puissance contre nature, elle emploie sciemment et impudemment des moyens révoltants. La pudeur, chez elle, n'existe pas ; l'impudicité est sa parure, la débauche son moyen. Cette ivresse si dangereuse trouble vite le cerveau de l'homme et le corrompt. Bientôt, le souvenir seul de ces étreintes vous enfièvre, vous pousse, vous emporte à revenir promptement les goûter. Vous arrivez à devenir semblables aux ivrognes qui ne quittent plus le cabaret. Pour l'avoir toujours à vous, complètement, vous renoncerez à votre liberté et deviendrez son amant, afin de pouvoir à volonté, en toute sécurité, vous glisser dans les draps de son lit ouvert, comme les voyageurs égarés, mourants de fatigue et de faim, s'enfoncent dans les sables mouvants et s'enlizent.

Quand un homme vient vous dire : « J'aime une Juive », dites-vous : « Voilà un perverti » ; et, quand il vous racontera plus tard qu'il l'a lâchée, soyez persuadé qu'il est vidé et ruiné.

Ce sont les basses sensations, les seules ivresses des sens que provoque et rassasie la Juive. Elle n'est ni gaie ni joyeuse, ni affectueusement câline ; jamais elle n'éprouvera l'insouciance du plaisir vrai et indifférent à tout. Elle est fausse, hypocrite par tempérament, menteuse et outrée dans ses actes, dans ses passions ; c'est bien le type de la cabotine, c'est la femme qui joue un rôle. La marque définitive de toute la race, du reste, est l'outrance, le toupet, l'audace inconsciente, le délire dans la réclame. Le théâtre est son terrain. Le feu de la rampe, qui paralyse l'acteur instruit et intelligent, électrise la Juive. Que de cabotines aussi voyons-nous, enfants de Judas, pulluler sur les planches du théâtre et de la foire, en maillots effrontés et d'une provocation brutale.

Au sujet des Juives d'Afrique, l'Algérien raconta à ses amis afin de donner un pendant à ses anecdotes sur les amours malheureuses d'Algériens avec les femmes arabes, ou des passions sauvages des indigènes, une aventure d'un homme riche venu en Algérie avec une belle fortune et ruiné par une petite bonne juive.

A une époque déjà ancienne, il était débarqué dans une ville d'Algérie; il était très enthousiaste de l'Orient, possédait une superbe étude d'une Juive d'Espagne de Couture.

Sa femme eut pour bonne une petite Esther el Bez, de seize ans. Bientôt la femme légitime fut supplantée forcée de regagner sa famille, et en deux ans la fortune du malheureux fut engloutie par la famille de la petite juive.

Ruiné, accablé de honte, il partit chercher fortune ailleurs. Après de longues années, il revint complètement ravagé. N'osant aborder en France, il était revenu dans cette ville; le souvenir aussi d'Esther l'avait attiré, fasciné qu'il était encore, même par son souvenir. Recueilli par pitié à l'hôpital, à son arrivée il était employé aux écritures. La première fois qu'il put descendre en ville, avec un peu d'argent, ce fut pour chercher à prendre des nouvelles d'Esther, à la voir.

Il la vit passer dans toute sa triomphante beauté de courtisane puissante. Le soir, ivre d'absinthe et de remords, en remontant à l'hôpital, il tomba dans une carrière où on le trouva mort les reins cassés.

J'étais alors à l'hôpital, disait le colon, pour me guérir d'un accès de fièvre pernicieuse. Je dormais encore, quand un infirmier vint en hâte me prévenir que l'interne m'attendait au plus vite à l'amphithéâtre. En y entrant, je vis sur la table de marbre un cadavre étendu, auquel mon ami, la scie en main, coupait le crâne.

— Viens donc, me dit-il gaiement, viens m'aider à trouver où se localise dans le cerveau, ta fameuse maladie juive; tiens voilà un sujet; le reconnais-tu ?

J'étais pourtant habitué à l'amphithéâtre ; mais au spectacle que je vis alors, je ne pus m'empêcher de tressaillir et d'être suffoqué. Devant moi était le cadavre de M. G.; et mon ami en jurant, en riant, lui ouvrait la tête, à grands coups de marteau de fer. Je restai anéanti, immobile. Je regardais, stupide, ce corps nu, raide sur ce marbre, cette tête défigurée ; la peau du crâne enlevée, coupée par le milieu, tombait en deux lambeaux, à partir des sourcils. Mon ami, avec son grand sarrau jaune ensanglanté, s'était rapproché de la fenêtre, pour être bien au jour et examiner la cervelle, qu'il tenait sur un plateau.

Au milieu de plaisanteries, il étudiait le cerveau de cet homme que j'avais vu autrefois et dont j'avais souvent entendu parler avec considération et respect ! Mes yeux se détournèrent des mains de l'interne et de son hideux travail, pour regarder par la fenêtre l'horizon que l'on découvre à perte de vue, en raison de la hauteur où est situé l'hôpital. Le soleil éclairait d'aplomb tous les environs de la ville. Malgré la grande distance, l'œil percevait fort bien les diverses masses de verdure des villas. Près d'un clos de vigne, ruisselant sous les rayons dorés d'un soleil d'automne, devant la masse noire de grands pins et de gigantesques eucalyptus, une maison étincelait toute blanche. C'était justement l'ancienne villa de M. G...

XXVII

Si, à travers tant de siècles, depuis leur entrée en Egypte, les Juifs ont toujours gardé leur même génie, c'est-à-dire cette merveilleuse industrie pour dépouiller, de leurs richesses, les peuples chez qui ils s'introduisent; les Juives ont aussi gardé leur même soif du sang, leur même ardeur farouche dans la débauche, et le même puissant attrait de leur beauté. Prêtresses, à Jérusalem, d'Astarté, de la déesse de Phénicie, de Gomorrhe, elles sont encore les ferventes fidèles de cette Vénus maudite et de son culte infâme — impitoyable pour tous les peuples qui le pratiquent, ou qui, n'osant pas le combattre, le laissent s'infiltrer dans leurs mœurs.

Des peuples de la Syrie, qu'est-il resté? A peine quelques lambeaux d'histoire. Comme une poussière ils ont été dispersés, et ne sont plus qu'un souvenir. De ces villes, où l'activité et l'intelligence humaine s'étaient si merveilleusement développées qu'est-il survécu? et à qui attribuer cette effrayante disparition de ces grandes cités de Tyr, de Sidon, de Carthage?

La cause en est, sans doute, moins Alexandre et Scipion, que ce vice honteux, véritable suicide lent et irritant, de ces peuples attachés au culte d'Astarté.

Le culte de la Grèce, pour Vénus, était un hommage saint à la Beauté et à l'Amour. Seule Lesbos, dans l'Ionie, osait honorer, de ses pratiques odieuses, cette déesse de la Syrie.

A la décadence de l'empire romain, le culte d'Astarté s'établit à Rome, et, se propageant rapidement, il y provoqua ces siècles d'hystéries diverses, dans lesquelles, le monde romain corrompu trouva sa fin. Après dix-huit siècles, il revient s'implanter en Europe, avec ses anciennes prêtresses, avec le triomphe de la race de Jacob.

En examinant la Juive, sa figure, son corps vraiment merveilleux de force et de souplesse, si recherchée des peintres et des sculpteurs, on ne se lasse pas de l'admirer. Mais, lorsqu'on étudie sa physionomie, avec ses grands yeux noirs, opaques, ses lèvres fortes, son menton carré, on sent, dans cette femme, une ardeur sombre jointe à une force redoutable. Ses lèvres n'ont point cette finesse, cette légèreté de celles de nos femmes, qui, semblables aux feuilles d'une rose, palpitent au souffle du sourire ou de la gaieté et frémissent délicatement sous les baisers. Les lèvres charnues de la Juive paraissent la ventouse saignante d'un poulpe.

Les Juifs accaparent notre or, corrompent nos mœurs, faussent nos lois et sèment parmi nous la ruine et la discorde. Les Juives épuisent notre sang; et leur instinct de débauche est si puissant qu'il les a poussées jusqu'à venir sur nos femmes, porter leurs baisers insatiables et furieux, qui ont amené dans notre société — fin de siècle — la Névrose, l'Hystérie, cette maladie étrange, véritable détraquement physique et moral d'un monde pris de vertige, du vertige de sa fin prochaine.

XXVIII

Tout en causant du pays, les voyageurs oubliaient le chemin et s'approchaient d'El-Kantara. Ils étaient restés, en somme, peu de temps à Biskra ; mais depuis leur arrivée à Constantine, que d'opinions n'avaient-ils pas entendues et partagées sur l'Algérie, et surtout sur les gens de ce pays ? Eux, au moins, pouvaient retourner en France emportant autre chose que des photographies et des bibelots indigènes ; ils repartaient avec des convictions prises dans l'étude même des choses et des gens ; des convictions encore très rares pour les Français qui semblent oublier que, sur cette terre, se développe une race d'hommes, leurs frères par le sang, mais dont la vie diffère de la leur, et dont l'avenir devrait si fort intéresser tous ceux qui ont la passion de la patrie.

Après avoir été considérée comme un véritable dépotoir humain, l'Algérie commence à sortir de l'enfance. Des fils, déjà grands, sont nés de cette belle fille de la France;

il faudrait de plus en plus les rattacher, non pas, hélas! administrativement, mais par leurs intérêts, à la Mère-Patrie. Toujours magnifique jusqu'à la prodigalité, et insouciante de la qualité des gens à qui elle abandonne ses largesses, ou à qui elle les impose, la France, selon l'opinion des Algériens, n'a-t-elle pas trop vite abandonné l'Algérie à toutes les races de la Méditerranée, qui ont fait de ce pays, le refuge de leurs bandits, de leurs vauriens et la vache à lait de leurs ouvriers sans travail et de leurs écumeurs? Avec quelle insolence ces brigands de Calabrais ne se révoltent-ils pas, après leurs scènes de vols ou d'ivrognerie sanglante, contre la police et la gendarmerie qu'ils menacent toujours imprudemment de leur consul.

Une autre considération effraie l'esprit des Algériens, vraiment patriotes. Dans quelque temps, les fils d'étrangers étant les égaux des fils de Français, puisqu'on leur octroie le titre de citoyen, seront forcément les adversaires acharnés des impôts que voudra imposer la France à la colonie. Le jour où elle les décrétera, les fils d'étrangers, forts de leurs titres, se révolteront et diront aux Algériens français : « Nos intérêts sont les mêmes, la France veut nous accabler; nous, nous n'avons pas les considérations du sang comme vous, et nous demandons la rupture avec la France, tout au moins une certaine autonomie. »

Après avoir traversé l'Alsace et la Lorraine, le cœur

est serré, en pensant que de si beaux pays et de si bonnes gens sont séparés de la Patrie. Je me rappelais cette émotion en parcourant, cet hiver, les grandes plaines désertes du Tell, où l'on ne voyait pas âme qui vive, et où la France pourrait voir s'élever des populations aussi denses et riches qu'il y en eut jadis, sous l'Empire romain, et alors, en attendant que le Rhin redevienne un peu français, voir le nombre de ses enfants augmenter quand même!

C'est la question agraire qui sera la solution du problème social. Que faut-il pour pouvoir l'aborder? — des terres. Aux soldats romains, orgueilleux survivants de vingt années de guerres, menaçant Rome, que donnait-on pour sauver l'Empire romain de la guerre civile? — des terres. En partant pour conquérir l'Orient, à ses soldats, pour en faire autant d'intrépides, qu'est-ce que Bonaparte promettait? Quelle était la récompense qu'il savait le mieux convenir pour leur fierté, leur amour de l'indépendance et du travail, à ces vrais héros de la Révolution, les vainqueurs d'Arcole et de Fleurus? — Ce qu'il assurait à chacun, c'était au moins dix arpents de terre!

Oh! la terre! la posséder, la cultiver, voilà le but et la vraie occupation de l'homme d'une race noble. Celui qui en a, c'est l'homme fort; il a de la fierté, du courage; il n'a pas à subir des esclavages abrutissants : il ne dépend que de Dieu, de la Nature. C'est Antée, le héros antique auquel son contact avec la terre procurait des forces inépuisables et qui, pour succomber dans les étreintes de son ennemi, devait en être arraché, devait en être enlevé.

A tous ces hommes affamés ou furieux, prêts à devenir des révoltés, dont le cœur bat d'envie et de haine, qui auront un jour soif du sang de leurs concitoyens riches, de leurs tyrans; à tous ceux que l'injustice ou le trop-plein de la Patrie affole ou exaspère, pourquoi ne s'occupe-t-on pas de procurer quelques arpents de terre? L'Afrique est ouverte et encore presque déserte. Au lieu de dépenser sottement ou perfidement tant de millions pour conquérir, à des milliers de lieues, un pays inhabitable pour les Français, conquête entreprise pour faire la fortune de fournisseurs de l'armée — un amiral l'a hautement affirmé — pourquoi ne sillonne-t-on l'Algérie de routes, aux côtés desquelles s'élèveraient, s'allignerait les maisons, les fermes, les champs de la France nouvelle?

Rappelons, enfin, qu'aujourd'hui, outre l'apathie du gouvernement, l'envahissement insolent de l'élément étranger, il est en Algérie un autre ennemi implanté et qui grandit invisible mais terriblement puissant.

L'Algérien le sent aujourd'hui, il le sent aux liens qui l'enserrent ou le frôlent. C'est une puissance plus terrible et plus infaillible que n'ont été toutes celles qui jusqu'à présent ont conquis, brisé, abâtardi, réduit en esclavage les peuples; c'est la puissance occulte qu'on ne voit pas venir, qu'on ne distingue pas,qu'on ne peut ni éviter ni saisir. C'est la lutte dans l'ombre, l'arrivée dans un inextricable filet; c'est la chute dans les algues gluantes et ondulantes de la rivière, où plus vous vous débattez, plus vous vous sentez enlacé; c'est la mouche joyeuse aux rayons du soleil, chantant de ses ailes irrisées la lumière et la vie, tombée dans les toiles ignobles d'une araignée embusquée dans un courant d'air.

Cette chose immense en puissance, atroce dans sa force, insaisissable et horrible dans son impalpabilité, son action sourde, et son œuvre de complète destruction des sociétés, c'est la Banque !

Ah ! les Algériens ont eu jadis les lions terrifiants de leurs puissantes voix et de leur force formidable ; ils les craignaient justement ! Mais jamais, en parlant du lion, bien isolés chez eux, derrière leurs verrous, sous leurs fusils, ils n'ont parlé de lui avec cette terreur qu'ils ont aujourd'hui en parlant avec angoisse et effroi de la Banque !

Comme par un immense épervier, disent-ils, d'autant plus immense qu'il est invisible, l'Algérie entière est menacée. Ce pays va devenir l'exemple effrayant de l'esclavage moderne ; de l'anéantissement de la liberté de l'homme ; non par la force du bras, qui au moins se montre en face, et prête à la lutte, aux coups ; mais de la force des capitaux resserrés dans ces bastilles de la féodalité moderne, les banques; imprenables, hélas! car elles sont insaisissables!

Aux malheureux poissons de la mer, les Algériens se comparent. Ceux qui sont venus, les premiers, les plus courageux, n'avaient avec eux, en quittant la France, que le seul trésor d'Alexandre, franchissant l'Hellespont : l'espérance et le courage. Dès qu'ils ont pu se créer une situation, dès qu'ils ont pu établir les bases d'ouvrages, ils ont voulu faire grand, se sentant la force d'être audacieux. Ils ont emprunté aux banques, qui sont venues leur sourire comme des courtisanes impudiques, le sein demi-nu, leur offrir leur argent pour les aider. Mais oui, alors, pareils aux poissons de la mer, ils se sont engagés dans ces filets aussi grands que savamment organisés. Dans les premiers, très espacés, les mailles sont larges, puis les filets se resserrent; les mailles se rapetissent. Et, quand les victimes sont parvenues à la dernière nasse, « à la chambre de mort », il n'y a plus de retraite possible.

Si, vraiment, comme certains Algériens le prétendent, le péril est aussi imminent; si les fortunes les mieux assises, acquises par le travail et l'économie, sont menacées, l'éveil doit être donné. Prêter de l'argent est un commerce. Le banquier trafique de son or comme le marchand de son vin. Mais encore faut-il que ce commerce ne soit pas frauduleux et surtout dangereux pour la société. Il y a des lois pour le mouillage. L'on a aboli les lois sur l'usure. Et il arrive ceci aujourd'hui : sur une propriété d'une valeur réelle de cent mille francs, les banques ont prêté vingt mille francs. La crise, qui sévit diminue les prix des produits. Le propriétaire se voit forcé d'attendre et de demander des sursis. Les banques ne veulent rien entendre. Elles font vendre la propriété, la poussent, l'achètent pour son dû, et deviennent ainsi maîtresses d'une valeur triple de celle de l'argent monnayé qu'elles ont prêté. Au point de vue de la loi, c'est légal. Mais au point de vue politique, que penser d'un pareil état de choses? Ne serait-il pas à souhaiter qu'il y ait pour le propriétaire, pour celui qui a fait un domaine, au bout de bien des années, une garantie, au moins pour garder son bien, en attendant la fin des crises du moment? Ces crises ont démonétisé les produits de la terre; seul, l'argent augmente de valeur; il a la loi pour lui, et il est impitoyable.

Dans cette lutte du travail et de l'argent, du colon et des banquiers, n'y aurait-il pas, de la part du gouvernement, un compromis à établir? Garantir les intérêts de l'argent des prêteurs, à un taux ordinaire; mais garantir au travailleur sa terre, sur laquelle il a travaillé, et qui doit, plus tard, faire sa fortune et largement payer ses dettes?

Faut-il ainsi favoriser cette invasion brutale et injuste par le capitaliste, dont les capitaux prospèrent toujours, sans aucun travail de sa part, garantis par la loi, sur ces terres, arrosées de la sueur du malheureux colon, qui depuis vingt ans les défriche et les complante, pour s'en voir expulser !

Dans ce pays, où il y a déjà tant de jalousie entre gens de races différentes, n'est-ce pas laisser s'augmenter la semence de ferments de haine et de colère dont l'avenir sera lourdement chargé ? Comme un orage, ils éclateront un jour avec fracas et furie, lorsqu'un souffle formidable de misère aura soulevé la tempête.

XXIX

Réveillés de bonne heure le lendemain, les voyageurs admirèrent, de l'auberge d'El-Kantara, ce coin si beau et si curieux, merveilleuse image des trois civilisations qui ont, tout à tour, passé sur ce pays, avec ces trois ponts construits à diverses époques, marquant les différents progrès faits par l'humanité. Le pont romain, au fond, rappelle l'antique civilisation, les vieux siècles écoulés; le pont de fer, la conquête française ; enfin le viaduc du chemin de fer, dominant le tout, est l'expression de l'avenir.

Comment décrire cet effet grandiose de ces quelques maisons, de ces ouvrages, au milieu du cadre des énormes montagnes, rubescentes au matin, d'El-Kantara ?

Les voyageurs se promenaient, attendant l'heure de partir. Rentrés au restaurant, ils trouvèrent un journal et le lurent. Depuis déjà des jours, ils étaient sans nouvelles de l'Europe, sans inquiétudes politiques; tout entiers à l'admiration de la nature, à la joie de la jeunesse et du voyage. La triple aliance était annoncée comme définitivement organisée, avec la promesse faite à l'Italie d'avoir la Tunisie et une partie du département de Constantine ; la guerre devenait imminente.

— Ma foi, dirent-ils, autant la guerre de suite. Nous ne pouvons plus vivre sur un qui-vive perpétuel. Nos intérêts en souffrent trop. Eh bien ! ce sera une lutte à fond. Il faut que les uns ou les autres soient saignés à blanc, selon l'expression même de Bismarck !

La jeunesse est bien, à juste titre, l'espérance d'une nation. Que d'insouciance devant le danger ! Que d'enthousiasme encore, dans le cœur et l'imagination, au nom de l'Honneur et de la Patrie ! L'égoïsme, les intérêts n'ont pas eu le temps de l'atténuer. La pratique des hommes politiques, des hommes d'affaires, parmi lesquels il y a tant d'étrangers, de gens sans patrie, ne lui a pas encore montré les dessous désolants et stupides de la politique. Les jeunes aiment la Patrie comme une mère, une sœur, une maîtresse, sans s'inquiéter de ses erreurs, sans chercher à soulever les coins honteux de sa robe. L'amour de la Patrie vous prend quand on a vingt ans. L'on va au feu en chantant, avec entrain, sans regret, sinon sans peur. Le scepticisme, l'immoralité de l'argent n'ont pas encore étouffé le patriotisme de l'ardeur du sang. Le Français, quand il sait pourquoi il se bat, avec de bons chefs, a toujours été le plus emballé en face du danger. Celui qui a crié : *Finis Franciæ!* n'était pas un vrai Français, mais un Français uni à un sang infâme.

Chacun des jeunes touristes but à son régiment, à son drapeau ; l'Algérien leva son verre à la vieille Mère-Patrie, à la France !

— Il me semble, dit l'ingénieur, que je me battrai mieux. J'irai plus hardiment au feu. Car je connais maintenant, et nous venons tous de voir, d'étudier et d'aimer l'enjeu de la nouvelle guerre. A ne pas en douter, cette terre d'Afrique est mise en partage. Eh bien ! comme le gentilhomme mettait flamberge au vent, avec plus d'assurance, quand il avait sa maîtresse au bras, nous combattrons mieux, l'Algérie étant mise en jeu. C'est une fière et jolie brune, ses charmes et sa possession nous font envie à nous aussi ! » L'Algérien lui serra fortement la main, très ému.

L'amour partagé du pays, la furia française illuminaient leurs visages et dans les yeux de ces trois jeunes hommes, à travers le voile des larmes de l'émotion, l'intrépidité faisait briller sa flamme.

— Pas de lâcheurs parmi nous quatre, de sang français, ajouta l'Algérien, mais dans les masses en France, peut-on en dire autant ? Ce n'est pas derrière les Vosges, ni derrière les Alpes, que sont peut-être nos plus mortels et nos plus dangereux ennemis. Rappelons-nous le mot du grand Frédéric : « Ce n'est qu'avec des Français, qu'on bat bien les Français.» Outre les lâches et les intrigants, n'avez-vous pas, malheureux Français, parmi vous, accueilli, comme l'imbécile villageois réchauffant un serpent, n'avez-vous pas accueilli la masse de la race, dont le nom et le génie signifient : trahison, astuce et perfidie ? Croyez-vous qu'ils vont se battre pour vous, eux, ces échappés, sortis de tous les ghettos du monde, ces sans-patrie ?

Enrégimentez les Michel, les Lopez, les Rappaport, les Deutz, tous ces Judas, et comptez sur eux, oui, comptez bien sur eux, aidés de leurs femmes, les Païva, les Kaulla, pour vous trahir ! Toutes les fois que je songe aux moments de péril, dans lesquels la Patrie se trouvera forcément d'ici peu, je ne puis penser sans tristesse au récit de Saint-Amand, au sujet de la duchesse de Berry.

« Deutz avait fait sur M. de Mesnard et sur M. Guibourg une mauvaise impression. Tous deux lui trouvaient l'air faux, et ils essayaient de faire partager leur sentiment à la duchesse de Berry. Mais Madame, qui était la bonté, la générosité, la loyauté même, ne pouvait pas soupçonner l'infamie d'une pareille trahison. Comme ils insistaient, — c'est M. Guibourg qui nous l'a raconté lui-même, — Madame s'écria très vivement : « Mais il m'a été recommandé par les cardinaux, par le pape. Il m'a très bien servie. Il m'est très dévoué. » Ces messieurs ne semblaient pas encore convaincus. La princesse, impatientée, finit par leur dire : « J'ai, en définitive, autant de confiance en lui qu'en vous-mêmes. » Et ils se turent. »

Hélas ! la France aussi est la bonté et la loyauté même; elle ne peut croire à l'infamie des trahisons de ses Juifs. Cependant, après avoir trahi l'Epargne française sur les marchés de l'Europe, ne trahiront-ils pas l'armée sur les champs de bataille ? Il y a autant de perfidie à ruiner, qu'à faire massacrer. Du reste, tel doit être forcément leur objectif, pour arriver à leur but : l'accaparement, la possession de tout ce qu'ils voient.

En si peu de temps, comment compter ces épouvantables défaites financières subies par les Français.

Pauvres malheureux petits actionnaires, on vous oublie ; car vous ne pouvez pas crier et dans le fond de vos provinces, où vous restreignez vos dépenses, vous ne pouvez que gémir.

Vous, que j'ai connus autrefois riches et fiers, aujourd'hui ruinés, et qui, honteux, accueillez avec regret, sur la toile cirée de votre table, vos vieux amis, soyez donc des hommes ! Vous connaissez ceux qui sont cause de votre ruine et de votre abaissement, que votre juste haine relève votre pauvreté, que votre courage vous donne l'espérance ! Malheureux Français, qui n'osez crier votre misère, qui, en frémissant autour du foyer, serrez la main de celui qui n'a pas peur de les dénoncer, ces oppresseurs, mais qui, dans votre petite ville de province, dans vos cercles, où se lisent le *Figaro* et le *Gaulois*, craindriez de les nommer.

Osez seulement dire tout haut leurs noms ; le bruit dans toute la France en sera si étendu, qu'il égalera le murmure des flots de l'océan, capable, au premier souffle des orages, de devenir épouvantable et d'éclater comme la tempête. Et rien qu'en entendant leurs noms criés avec colère, la peur les prendra.

Le rapace qui plane au-dessus des Hauts-Plateaux de Telarma, garnis de troupeaux de moutons, s'enfuit, au seul coup de sifflet d'un jeune berger arabe en éveil et décidé à lutter. Les chacals, autour du lion qu'ils croient crevé, se sauvent épouvantés, rien qu'en entendant un grognement.

C'est avec une moins grande terreur, qu'au temps le plus sombre du moyen âge, les gens apeurés prononçaient les noms de ces maîtres absolus de l'existence humaine, alors dispensateurs et ordonnateurs de l'excommunication et de l'interdit ; qu'aujourd'hui les rentiers blessés aux luttes de la Bourse osent souffler au milieu de leurs douleurs, les noms des banquiers juifs.

Il y a pourtant quelques Français, qui ont regardé en face cette Hydre, et qui ont crié, malgré le danger, comme le chevalier d'Assas : « Voilà l'ennemi ! » Toussenel que je puis revendiquer comme un Algérien, puisqu'il est resté bien longtemps en Algérie, a fait ce livre étonnant : *Les Juifs, rois de l'époque*. Il les avait étudiés en France, mais surtout ici. En Europe, ils sont masqués ; mais, parmi nous, on les voit encore au grand jour de leur nudité morale, éclairés, dans tous les vices de leur organisation, à l'ardeur de la flamme de leur cupidité.

De nos jours, quel étonnement, quel réveil pour tous ces pauvres bourgeois, anéantis, accroupis en silence, dans leurs ruines, fut la *France juive* de Drumont ! C'est la diane qui a sonné alors, la charge retentira bientôt.

Avaient-ils peur, nos pères, de crier aux La Chalotais : « A bas les nobles! » — aux abbés de cour : « A la lanterne, la calotte ! » A ces youtres, il faut leur crier : « En France, la seule noblesse qui en impose, est la noblesse du cœur, aujourd'hui ; de cléricalisme politique, il n'en existe plus. Vous, les Juifs, vous, cagots des synagogues, arriérés, s'il en fût adonnés aux plus stupides superstitions, qui ne mangez que du *Cachir* et vous circoncisez, — vous, les gens aux rites de religion indécrottables, vous les adeptes du Talmud, vous osez plaisanter les catholiques ! Vous ne nous ferez jamais croire, à nous, Algériens, ou aux jeunes Français d'aujourd'hui, que la défroque d'un frocard servira maintenant, en France, de pavillon pour amener la guerre civile ; les seuls ennemis que nous ayons chez nous, ce sont les enjuivés, et l'ennemi du Français, c'est le Juif ! »

Ne pouvant avoir en main le levier ecclésiastique, ils se sont rabattus sur la franc-maçonnerie. L'Eglise et les loges avaient des principes différents ; mais ces principes différents convergeaient ensemble au même but : la protection mutuelle dans la vie, et surtout l'aide aux malheureux.

Les Juifs se sont emparés des Loges, et ont changé ces principes. Autrefois c'était : Union fraternelle, secours aux faibles, égalité pour tous. Maintenant, quels sont les principes, non pas écrits sur le fronton des loges, mais mis en pratique, dans leur œuvre nouvelle ? C'est l'accaparement, l'égoïsme, l'usurpation de la liberté individuelle. Et dans quel but ? Pour saisir les citoyens et les ruiner. Les Juifs ont changé la franc-maçonnerie à leur profit. Ce n'est plus là une institution de philanthropie ; c'est l'œuvre de l'abaissement de la société.

Si la menace du cléricalisme était l'oppression de la pensée humaine, ou l'hypocrisie forcée, les loges, aujourd'hui, sont la menace des libertés, et les usines de la ruine publique.

Le curé a sa soutane ; il prêche tout haut dans sa chaire. Si on ne l'aime pas, on peut toujours le voir sans masque ; s'il vient dans votre chambre, il y laisse une odeur d'encens. Le maçon, enjuivé, paraît votre frère : vous marchez ensemble, la main dans la main ; tout en lui paraît d'un camarade ; rien ne peut vous mettre sur vos gardes.

Les catholiques n'ont pas protesté, je dis, d'une manière énergique et sérieuse, quand on a enlevé les crucifix, enlèvement qui aurait pu être à leurs yeux comme la suprême insulte faite à leurs croyances, un audacieux défi porté à leur modération. Ils ne sont donc pas si cléricaux qu'on veut bien le dire.

Allez dans toutes les mosquées d'Algérie et cherchez à enlever les croissants et les monogrammes de l'Islam, et vous verrez avec quel courage, jusqu'au dernier des musulmans vivants, ces emblèmes seront défendus. C'est leur emblème à eux ; c'est leur étendard, c'est leur fétiche; et, y toucher, c'est leur faire la plus grande insulte.

Lorsqu'en 1798, Bernadotte, à Vienne, arbora le drapeau tricolore, la populace, furieuse à la vue de ces trois couleurs qui lui rappelaient sa honte, ses défaites en Italie, se rua dessus et le lacéra. Bonaparte, avec son armée d'Egypte, allait partir; à la nouvelle de cette insulte, il s'arrêta. Si l'injure n'avait pas été réparée, la guerre éclatait.

Je me rappellerai toujours une visite que je fis dans les salles de l'hôpital de Constantine. On venait d'amener un pauvre malheureux Maltais qui, dans une chute effrayante, s'était défoncé toute la poitrine. La mort était forcée et prochaine. Il devait souffrir horriblement. Nous arrivâmes près de lui; et, au milieu des hoquets, des sanglots que lui arrachaient les douleurs, il avait la physionomie non pas calme, mais rayonnante, les yeux grand ouverts, fixés sur un crucifix, contemplant cet emblème des douleurs humaines, du pardon et de l'immortalité, son seul et suprême espoir. Tout près, un vieil Arabe, avec cette impassibilité étrange que donne l'Islam, égrenait son rosaire et attendait aussi, avec impatience, la mort.

Quel mal faisait ce Christ, dans cette salle des malheureux et des douleurs? Aux uns, il donnait par son image l'espérance et le courage, sans offenser les autres, d'une religion toute différente.

De Philippeville à Collo, je m'étais, une fois, embarqué sur une balancelle. La mer n'était pas mauvaise au départ; mais nous vîmes, à moitié chemin, le ciel s'assombrir tout à coup. Sous un vent violent du sud, des nuages immenses et épais comme des montagnes se précipitaient sur nous. L'horizon devint d'un jaune de cuivre. Une effroyable tempête se déchaîna. Le sirocco furieux, combattu par une brise très forte, soufflait avec fureur; et de même que deux lutteurs balayent l'arène, ces deux vents soulevaient et tourmentaient la mer, avec une rage incroyable. Il était impossible de chercher un refuge sur les côtes, impossible de retourner. Le danger était effrayant. Et, s'abandonnant entièrement à la grâce de Dieu, les malheureux matelots se jetèrent à genoux autour d'une croix en chantant une hymne à la Madone. Ils la chantèrent d'une voix si profondément émue, si pleine d'angoisses, que mes oreilles en garderont toute la vie le souvenir. Attaché au mât, je fumais avec rage, à chaque instant une angoisse m'étouffait, en voyant ces montagnes de vagues, ces abîmes, entre elles creusés, où nous descendions sans espoir d'échapper; j'enviais leur chant, à ces matelots maltais, leur foi, et l'admirais.

Dans l'histoire de la Vendée, un épisode m'a toujours indigné fortement. C'est celui d'un malheureux paysan qu'un gendarme veut empêcher d'aller à la messe. Blessé de plusieurs coups de sabre, le Vendéen, acculé, se défend héroïquement avec un bâton. « Rends-toi ! lui crie le gendarme. — Rends-moi mon Dieu ! lui répond le Vendéen. »

Eh bien ! mes sympathies ne sont pas pour le gendarme, car il personnifie la brutale oppression. Le paysan représente l'homme courageux qui lutte pour sa liberté contre la tyrannie, la puissance, quelle qu'elle soit, ennemie de la liberté de l'homme. Dans un cas pareil, un Algérien, un Arabe même, prendrait fait et cause pour le Vendéen et descendrait le gendarme.

On ne peut pas dire que les Algériens soient des cléricaux. Ils ont, en effet, pour être des dévots, des tableaux trop bizarres et trop frappants à étudier. C'est la composition vivante de Glaize : tous les chefs de religions criant ensemble : La mienne seule est la vraie ! Chrétiens, catholiques, protestants, anabaptistes, quakers, juifs, musulmans, mozabites, senousis, tous ces hommes de religions différentes se coudoient sur cette terre et y vivraient en paix s'ils avaient la justice.

Le fils d'un vieux colon, à la suite d'un accident, mourut, enlevé à quinze ans, en pleine jeunesse ; c'était l'espoir pour son père, l'assurance de la réussite dans l'avenir, et la consolation de sa vie; car, enfant charmant, son père le chérissait. Autour de la tombe, où était descendu le cercueil, tandis que tout le monde s'approchait pour saisir une poignée de terre et la jeter, le père saisit une motte de terre et, la brisant dans sa main crispée de colère, en regardant les planches luisantes de la bière qui emportait toute sa force, son affection, sa vie, il parut prêt, devant ce lâche destin lui arrachant son fils, à crier un blasphême effrayant. Mais tout à coup sa physionomie changea, sous l'influence d'un sentiment doux et puissant. Se tournant du côté du vieux curé, il lui prit les mains dans les siennes rudes et velues, et lui dit, des larmes dans la voix et roulant sur ses joues brûlées : « Ah ! monsieur le curé, est-ce bien vrai ce que vous nous dites, que nous nous retrouverons après la mort ? »

Mais, devant cette douleur poignante d'homme fort et courageux s'il en fut, au milieu de toutes les luttes et de tous les dangers de l'existence, en face de son désespoir, conservant comme seule et dernière force pour traîner sa misère sur cette terre, l'espérance dans l'immortalité, quel est l'homme le plus savamment convaincu de la fausseté des croyances chrétiennes, qui aurait eu l'audace de venir ricaner devant cette fortifiante espérance de ce malheureux, et de traiter le prêtre, qui console, d'imposteur ?

Croire et prier est souvent un besoin pour l'homme.

Lorsque, épouvanté par la tempête, secoué, menacé, ignorant l'endroit où il se trouve, le navire est inquiet des parages dangereux où s'engage sa marche, le phare lumineux perce de ses longs rayons sauveurs, l'obscurité pour montrer l'espérance et le chemin, que leur importe, aux matelots, les gardiens du phare ! Le disque éclatant qui les sauve et les guide raffermit leur courage, arrête leurs angoisses ; voilà ce qu'ils admirent.

Simple matelot de ce navire, qu'on nomme notre génération, je me sens ballotté par une terrible tourmente. Où va-t-il, notre navire, courant ainsi dans cette course effroyable de vitesse, donnée par le Progrès moderne, où va-t-il ? Entrera-t-il dans un port tranquille, ou va-t-il s'engouffrer dans quelque épouvantable maïstroum ? Le ciel est sombre, plus un seul rayon du Dieu du jour n'apparaît. Dans l'ombre, mes angoisses me prennent, livré seul à mes inquiétudes. Heureux alors, serais-je, si, sur le rivage, un fanal resplendissant me montrait la terre, l'endroit du repos, et le chemin pour y arriver !

Ce que je verrais, ce que j'admirerais, ce serait le rayonnement superbe de lumière, dont j'ai besoin dans la tempête.

Après l'âge des passions, après les blasphèmes des sens, dans l'ivresse, ou inassouvis, maudissant toute idée de Dieu inutile ou injuste, l'homme arrive à un moment, où son cerveau devient plus maître de son être, et, rapproché du cœur qui saigne souvent, il a besoin de croire à autre chose qu'aux sensations du moment; il a besoin de croire pour s'épancher, pour espérer. Si c'est un leurre que son espérance, au moins il gagne un repos dans ses douleurs, un sourire de l'avenir, pour supporter ses peines.

Où l'on éprouve cette souffrance et ces désirs, c'est, surtout, lorsqu'on a beaucoup aimé des amis que la mort vous a ravis. Quel abattement en face de cet affreux cadavre! Et toutes les fois qu'on y pense, à cet être aimé, dont tous les souvenirs rappellent à votre mémoire, votre bonheur perdu, sa tendresse et votre misère actuelle, comme on souhaite alors, en regardant l'immensité, de croire notre vie passagère, misérable, mais l'âme immortelle!

Ah! que de pleurs j'ai versés un jour, ou, en face d'une tombe, je sanglottais, autant sur la perte d'un être adoré, que sur la mort que je sentais venue à mon esprit, de toute croyance! Beaucoup de Français en sont aussi là; et le temps des disputes du jansénisme est passé. A qui la presse juive fera-t-elle croire qu'aujourd'hui, des nuées de moines impudiques viendront caresser le menton des femmes et des filles, en quêtant à domicile, la dîme?

Mais le Juif ressemble assez à un voleur qui frapperait

sur l'épaule de son camarade, le Français, à la vue d'un jésuite, et lui crierait : « Tiens ! regarde ce criminel ! » Transi par la peur, à la vue de cette robe noire, les esprits égarés, le camarade resterait interdit, tandis que l'autre, le Juif, lui ferait son porte-monnaie. Voilà, d'une façon triviale, le jeu des Juifs dans leur politique anti-religieuse, qui n'a été, et n'est encore, qu'un prétexte pour abattre et attaquer la liberté individuelle, détruire l'égalité, et livrer les citoyens, pieds et poings liés, à leurs passions avides, pour les fouiller, les voler, violer leurs foyers et les abâtardir.

Lorsqu'un étalon vigoureux, après avoir renversé plusieurs de ses maîtres, est vendu, souvent un gueux de maquignon bohémien l'achète. Pour le mater, que fait-il? — Il le fait maigrir. Les banquiers ruinent le peuple. En perdant de sa force, il perd aussi de sa fierté et de son audace. Et, n'espérant pas le dompter, quand il est en pleine vigueur, pour le monter, ils attendent qu'il crève de faim. Après, c'est fini de lui ; il devient une simple bête de somme, et on le châtre.

Le Juif est toujours le Juif, tel qu'il a toujours été. Il faut qu'il acquiert ce qui l'entoure, dépouille ses voisins; et pour y arriver, il les doit trahir forcément.

Et vous jetez, à ces gens-là, le titre de citoyen français par la figure, sans seulement leur demander si ça leur convient ; est-ce pour les enrégimenter ? Et vous croyez que ces descendants des Youtres d'Allemagne, de ces

Youdis de l'Orient qui roulent, si bien affalés dans leurs coupés capitonnés, vers leurs hôtels des Champs-Elysées, se battront pour vous ! Vous voulez qu'ils aillent se battre contre des gens qui peuvent les tuer. Et cela pour vous faire plaisir! Quelle aberration ! Mais eux, ces sans patrie, ont adopté la devise : *Ubi bene, ibi patria !* la devise des parasites lâches et dangereux.

Ils n'ont point l'honneur de leur nom à sauvegarder, ni leurs dieux Lares à défendre. Le seul intérêt qu'ils aient dans notre pays, c'est d'y jouir en paix de leur bien-être et des plaisirs. Que leur importe la couleur du drapeau qui flottera aux Invalides !

Pour nous défendre contre nos ennemis, en France, avons-nous besoin d'eux dans nos rangs ? et surtout avons-nous besoin de ces étrangers sur nos listes électorales, pour diriger nos affaires et mener notre politique?

Au moment du danger, sur qui compter? Ce n'est pas dans les rangs plus ou moins épais de nos adversaires que sera le plus grand péril.

Dans la prochaine guerre, tout simple soldat saura pourquoi il se bat : pour sa liberté, pour son champ ou son usine ; il se battra bien. Mais derrière ces braves, ces chairs à canon, parmi les chefs, que de rivalités à craindre, surtout que de trahisons ! Une nouvelle Rahab, une perfide Juive ne se faufilera-t-elle pas encore dans les ministères, et ses frères ne porteront-ils pas, à l'ennemi, les plans et les ordres volés ?

Quel est le banquier qui, par son argent, a permis à l'Autriche de se réunir à la coalition de 1813 et d'envahir la France ? — Quel est encore le banquier dont la fortune aida la Prusse à lutter à Waterloo ? N'est-ce pas le plus adulé des hommes de Paris et la puissance la plus grande de ce pays dont, deux fois déjà, il a souhaité la défaite, pour sauver ses capitaux ?

Abaisser la France pour la ruiner, la dépouiller de son or, tel est encore son but à cet immensément riche, mais insatiable Juif! Tel est aussi le but forcé de tous ses coreligionnaires. *Caveant Galli!*

Faut-il penser que la France vieillie, dégénérée, succombe ? — Non ! j'en jure par l'Algérie, et, s'il le faut, ce sera cette France nouvelle plus vigoureuse, plus audacieuse dans sa jeunesse, préservée encore des richesses lâches, qui, grâce à sa fierté jalouse de race, à sa haine vivace et active envers les Juifs, les corrupteurs, sauvera la mère Patrie.

En Afrique, sans avoir besoin d'avertisseurs, nous savons ce qu'il nous importe de faire au premier coup de canon tiré à la frontière. Avec les Turcos, nous nous assurerons de nos judas. Ils doivent s'en méfier.

En France, rappelez-vous Danton, la veille de Valmy ?

Aujourd'hui, il n'est plus besoin de massacres ignobles. Une simple petite loi tirée des lois existantes, — de celles, par exemple, édictées par le conseil d'Etat, en avril 1811, — une escouade d'agents et un préfet de police, avec des gants gris perle, suffisent.

Veillez bien à ceux qui, derrière l'armée, sauront se placer pour tramer avec ardeur. Supprimez, et hardiment, tous ces épeurés, tous ces intrigants politiques, tous ces lâches, tous ces enjuivés qui crient dans le fond de leur cœur: « Périsse la patrie, pourvu que je reste à ma place et garde mes revenus! » Supprimez, aussi radicalement que possible, tous ces cosmopolites qui, derrière les Européens, travaillent, intriguent, trahissent, pour se repaître après leurs luttes de leurs dépouilles, de leurs cadavres, comme les hyènes, les corbeaux, les vautours.

Garantis de tous ces traîtres, de tous ceux qui pourraient les aider, et sur qui ils comptent surtout, vos ennemis, privés de leurs alliés, avant de vous attaquer, hésiteront.

Ne pas craindre de bien se garantir des suspects afin de n'être pas trahis, telle doit être la première condition qui s'impose aux Français pour espérer une lutte égale; ce sera un gage certain de la victoire. Le Rhin sera regagné et l'Algérie sauvée. »

XXX

Les Juifs, depuis qu'un mouvement contre leur puissance s'est dessiné, à chaque nouvelle attaque retentissante, loin de réfuter les faits incriminés [1], se posent en persécutés, pour donner le change. Afin d'expliquer et d'atténuer leur cupidité, leur ardeur dans l'accaparement, ils ont mis à la mode la hideuse formule du combat pour la vie, et eux, les Juifs, ces bien doués par leur Jéovah, se comparent orgueilleusement aux rapaces devant infailliblement et naturellement dévorer les autres hommes, plus faibles. Cette formule va se retourner contre eux. Ingrats vis-à-vis de ceux qui les ont accueillis, ils s'empressent de les ruiner et encore d'insulter, de mépriser les sentiments, les gloires des pays où ils sont. Ce sont eux enfin que nous voyons partout les plus perfides comme les plus acharnés persécuteurs. Joukowsky, en Pologne,

[1] Ils ont adressé une supplique au Pape, pour le prier de désavouer le livre de Desportes : *le Mystère du sang*.

Rohling, en Allemagne, comme Drumont, en France nous montrent le Juif partout le même.

En France, devant la masse populaire peu éclairée encore sur leurs agissements habilement masqués, ils se proclament bien haut républicains et, sans cesse, vantent la Révolution; ils semblent s'en attribuer la gloire. Or, quels sont les vrais héros de la Révolution : sont-ce ces harangueurs des assemblées ou des clubs, soudoyés tour à tour par les différents partis, et qui ont fini par se condamner mutuellement, par jalousie basse et égoïsme ? Non, les vrais héros de la Révolution, ce sont les hommes qui, sur les champs de bataille, ont offert leur vie à la Patrie pour la défense de ses idées, de ses maximes données par ses philosophes; ce sont ceux enfin, qui par leur génie ont imposé la paix à l'Europe et, à la suite de Bonaparte incarnant la Révolution, ont semé, dans toute l'Europe, les ferments de justice, d'ordre et d'émancipation de l'esprit du peuple, et provoqué l'abaissement des oligarchies. Eh bien ! dans ces armées de la Révolution et de Napoléon, où voyons-nous des Juifs ?

Au Consulat, Bonaparte permit aux Juifs l'accès du territoire, en Alsace et en Lorraine. Mais bientôt des plaintes s'élevèrent telles que Napoléon dut intervenir. Il dit le 6 avril 1806 au conseil d'État : « La loi doit entrer partout où la ruine menace le bien-être. L'État ne peut pas souffrir que des tribus étrangères ravagent deux départements de France. Nous devons considérer les Juifs, non seulement comme une secte distincte, mais comme un peuple étranger. *Ce serait une humiliation trop grande pour la nation française que d'être gouvernée par la race la plus basse du monde.* Les Juifs sont de véritables brigands, les vampires de notre temps. Peut-être serait-il utile de les détacher des provinces limitrophes et de les disperser par tout le pays ; on pourrait ainsi arracher de leurs mains le commerce déshonoré par l'usure. »

Le lendemain, le 7 avril, il dit au Sénat : « Les Juifs étaient déjà usuriers au temps de Moïse, tandis que les chrétiens ne s'occupent qu'exceptionnellement de cette industrie funeste qui leur attirent le mépris de leurs concitoyens. Ce ne seront pas les raisonnements philosophiques, qui changeront la nature judaïque. En pareil cas, il faut des lois exceptionnelles. La malhonnêteté des Juifs ne peut pas être envisagée comme un fait individuel, mais comme un trait inhérent à la tribu juive tout entière. » Et Napoléon avait coutume d'appeler les Juifs : « L'État dans l'État. Espions qui ne s'attachent à aucun pays. »

Avant de les condamner ainsi, Bonaparte avait eu l'occasion de les étudier ; il avait voulu les faire sortir de leur basse condition et il avait réuni à Paris un sanhédrin de 71 rabbins qui le jouèrent. Napoléon s'en aperçut. Après leur avoir accordé les droits civils et l'accès de tout le territoire français, un si grand nombre de plaintes de tout l'Empire arrivaient, que Napoléon, déçu et irrité lança contre eux le décret du 17 mars 1808, où se trouve cette précieuse et sage ordonnance : « Il est interdit aux Juifs étrangers de s'établir en France, à moins qu'ils aient pour but de s'occuper d'agriculture. »

L'exemple de cette invasion, de cette ruine de deux provinces où les Juifs s'étaient abattus, n'aurait-elle pas dû servir d'exemple aux hommes politiques qui auraient dû en préserver l'Algérie, où nos nationaux étaient tout d'abord fort peu nombreux? Si la France, autrefois, n'avait pas été préservée des Juifs, que serait-elle aujourd'hui? Les Juifs, aussi, s'acharnent à faire croire que l'époque seule glorieuse est la nôtre ; ils traitent de siècles de barbarie tous ces temps du moyen âge et de la monarchie. La cause en est naturelle. Cependant, jusqu'en 1394, ils vécurent en France, très libres et même considérés. Ce n'est qu'après un siècle entier de plaintes du peuple que le roi, jugeant impossible autrement d'arrêter leur œuvre de corruption et de ruine, les expulsa, comme Napoléon l'eût fait certainement s'il avait été vainqueur à Waterloo.

Triomphants sur tous les peuples, à l'apogée de leur puissance, l'Europe va-t-elle les subir encore longtemps? Jamais il n'a été montré aussi clairement leur scélératesse, leur barbarie, leur infamie. Leur Talmud est enfin dévoilé, le mystère du sang reconnu [1], leur haine pour

[1] *Le Mystère du sang*, par Desportes.

toute l'humanité n'est plus à être démontrée. Tous les grands esprits, tous les réformateurs se sont butés à leur inaltérable instinct pervers. Mahomet les choya d'abord, il les protégea avant de les frapper de cet anathème que tout l'Islam garde encore religieusement. Luther se fit tout d'abord leur apologiste en 1523 ; il les croyait aussi des persécutés. Après quinze ans d'études, il changea d'avis et pour en sauver l'Europe, il ne demandait rien moins que leur réintégration en Palestine.

Aujourd'hui, le Juif pour se défendre se pose en profond sceptique. « Le Talmud, disaient-ils, mais qu'est-ce que c'est que ça ? » Ils ne l'ont, assurent-ils, jamais lu. En effet, inutile à eux de l'étudier, ils l'ont dans le sang; et s'ils agissent si mal vis-à-vis du prochain, de l'étranger, c'est d'instinct. Sans s'arrêter à une phraséologie surannée, c'est d'instinct aussi que les peuples qu'ils oppriment doivent se défendre. Quand un homme est venu s'imposer chez vous, qu'il vous ruine, déshonore votre foyer, corrompt vos enfants, à moins d'être un lâche, il faut le chasser. La justice n'existe plus pour nous ; il ne nous reste que la force; usons-en.

Après les récents événements, sur les moyens à employer, peut-on avoir des illusions? Le mouvement boulangiste, provoqué par tous les mécontentements, formé tout d'abord par ceux qui avaient besoin de justice et de travail, par la masse la plus modeste du peuple, a fini par une inéluctable et grotesque trahison. Pourquoi?

parce qu'il y a manqué quelques hommes du peuple sachant bien l'orientation du souffle de la colère et de la misère de leurs concitoyens, audacieusement décidés, et incapables de se laisser tromper par les paroles des traîtres, mais capables de risquer leur vie pendant une demi-heure.

Le Français, le Parisien est-il atrophié? Le caractère s'est adouci comme le climat; c'est grâce à ce caractère mou, pusillanime qui se contente de mots, qui a peur de parler et de lever la main, que les Juifs triomphent, nous insultent et nous narguent.

Danton, avant de faire le 10 août, avait demandé à Barbaroux « trois cents homme qui se f... de la mort ». Et de Marseille, une bande de vrais bandits arriva, en hurlant la *Marseillaise* dans Paris, encore aristocratique, craintif. Pendant huit jours, il se rassasièrent de vin et de filles; mais le 10 août ils enlevèrent les Tuileries, et dans une seule journée, écrasèrent une monarchie de dix-sept siècles. Avaient-ils une auréole de gloire, ces gens-là? Non. Mais ils avaient l'audace de l'instinct puissant de leur force.

Si en France, grâce à Drumont, on discute beaucoup la question juive, avec des tas d'arguments philosophiques et d'exemples historiques, en Algérie, au milieu de ces rudes colons, qu'on sent capables de manier un fusil avec autant de dextérité que leur fouet de charretier, les arguments, sur cette question, sont de toute autre nature.

En parlant des Juifs, leurs yeux s'éclairent de fureur et leurs poings se ferment. Et ce sont des arguments avec qui il faut compter, ceux-là. Enfin, derrière ces colons français, il y a un autre ennemi du Juif, l'Arabe, qui guette et tend l'oreille avec la patience et la férocité d'un fauve.

Ces jours-ci, au moment d'un événement politique qui pouvait émotionner Paris, je me promenais sur les boulevards, à ce moment véritable fleuve humain. De ces flots j'en calculais la puissance. Mais aucun vent, aucun souffle ne paraissait capable d'agiter ce puissant élément, sur lequel il semble qu'on a versé de l'huile, comme sur une mer orageuse.

Arrivé au coin de la place de l'Opéra, je m'arrêtais à contempler ce merveilleux endroit, d'où l'on peut voir ces différents monuments qui rappellent tant de gloires militaires et tant de gloires artistiques de la France. Et, en considérant la foule, je me répétais : « Est-ce fini de l'individualité de ce peuple? » Juste à ce moment, un turco bleu vint à passer devant moi. Subitement je revis mon Afrique, et mon cœur battit au souvenir de son soleil chaud et de ses habitants. Puis, sous l'influence d'un rapprochement bizarre, je me revis au milieu de mes Arabes, leur racontant les événements qui s'étaient passés lors de cette élection de Constantine achetée par les Juifs. Avec un sourire mauvais, narquois, ils suivaient d'abord mon récit. Puis, en sentant ma colère, leurs yeux noirs et ardents s'emplirent de lueurs. Leurs mâchoires, comme celle de la panthère, au flair d'une proie, prête à bondir, se serraient davantage et faisaient saillir leurs muscles épais sur leur figure osseuse et longue. A la fin de mon récit, ils s'exclamèrent en imprécations furieuses contre les youddis. Je sentais qu'une affinité puissante de haine nous réunissait ; ils me dirent : « Quand tu voudras, toi et tes amis, tes voisins français, avertissez-nous, montez seulement à cheval pour nous conduire à Constantine, et nous nettoierons la ville et tout ce pays des Juifs, rien qu'à coups de burnous. »

Et, tandis que dans le monde politique se tramait peut-être en ce moment une nouvelle machination contre la fortune et la liberté de cette foule qui m'entourait, si insouciante, joyeusement égoïste dans ses beaux vêtements, sous les rayons aimés d'un soleil d'hiver, je me les rappelais avec plaisir ces Arabes si violemment émotionnés, avec l'intrépidité de leurs passions violentes. En regardant les Tuileries, je me souvins des Marseillais de Barbaroux et je souhaitais voir un jour nos Arabes venir avec nous, pour écraser la royauté infâme du Veau d'or.

Les idées socialistes avancent chez tous les peuples de l'Europe. Quelles que soient nos nationalités, à nous, ennemis du Jéovah juif, quelles que soient nos différences de religion, de nation, de partis, nous sommes tous adeptes d'un même culte, du culte de l'Honneur. Nos principes sont : amour du prochain, justice, probité, courage. Les préceptes des Juifs sont : la haine implacable à l'humanité tout entière, la perfidie, le vol, le mensonge, la lâcheté, enfin tout ce que nous tenons pour infâme. Les Juifs ont corrompu les classes dirigeantes des peuples. Les reines leur sourient, et les rois, les empereurs tremblent devant eux. Mais le peuple, la masse, peu à peu s'éclaire. Les haines de voisinage s'atténuent ; le socialisme s'annonce triomphant pour bientôt. Cette utopie de la fraternité des peuples, de la paix, peut cesser d'être une utopie, à une condition : c'est que tous les peuples parviennent à extirper, de parmi eux, ces gens, véritables ferments de haine et de discordes. Afin de se garantir des effrayants cataclysmes, des guerres qu'Israël ourdit en Europe, l'Europe doit se débarrasser des Juifs. Vingt siècles d'exemple ne suffisent-ils pas, les tentatives, toutes infructueuses, des législateurs de tous les peuples ne prouvent-elles pas surabondamment l'impossibilité de changer Israël ?

XXXI

La machine du train, en partance, faisait ses manœuvres. Les touristes gagnèrent la gare. Derrière la maison du restaurant un bouquet d'arbres de Judée, tout en fleurs, brillait au soleil.

Cette robe légere et parfumée, cette délicieuse parure de printemps de ces arbres d'El-Kantara, pareille à un amas de flocons de neige ornés de corail, rappela aux voyageurs, sur leur départ, la parure que pouvaient avoir le long de la Seine, les mêmes arbres, couverts alors de neige lourde et glacée, et qu'ils allaient retrouver.

D'un dernier regard amoureux et content, ils dirent adieu aux grandes montagnes rubescentes, à cette échancrure énorme, laissant apercevoir les têtes vertes des premiers palmiers et les horizons voisins du désert. Avant de monter en wagon chacun se retournait encore et saluait ce site merveilleux. Le voyage au Sahara était terminé.

A El-Guerrah, les lignes se croisent ; on change de train. Le colon regagna Constantine ; ses amis filèrent sur Alger.

Ils ne devaient rester que quelques jours à Alger, ils y restèrent bien plus longtemps, étonnés, captivés. Pleine des contrastes de la vie moderne d'Afrique, Alger ne présente pas des oppositions aussi fortes, avec une étrangeté aussi brutale, que Constantine et Biskra. Ce sont les délicatesses, les raffinements de la civilisation mauresque et de la civilisation française que l'on y rencontre.

Au moment où cette voix mystérieuse criait aux navires rasant les côtes de Thessalie : « Pan est mort ! » ce déchirant appel désespéré, ce cri d'agonie étouffé, des bonnes et sensibles divinités de l'Olympe, un groupe de nymphes, aimées d'Apollon, jeunes et décidées, devant cette maudite invasion de la barbarie humaine dans leur bienheureux pays — l'orient de la Méditerranée, — ont sans doute, confiantes dans leur ardente jeunesse, voulu fuir la mort et chercher sur d'autres rivages de la mer de leur déesse, un refuge, un asile, une patrie.

Ce sont elles, dans leur fuite, qui ont trouvé Alger, ce site merveilleux et voisin du jardin des Hespérides ; ce sont elles qui furent les premiers habitants de cette montagne où s'élève aujourd'hui Alger.

Ces exilées de Paphos et d'Amathonte retrouvaient là leur ciel et leur azur. Au roucoulement des colombes, à la voix stridente des cigales, peuplant les rameaux des bosquets de cette montagne sacrée, elles pouvaient continuer à moduler leurs chants joyeux ou pleins de langueur. Leur mer était toujours devant elles, enchantant leurs yeux rêveurs, par la douceur de sa couleur, de son bleu si profond et si doux.

Sur ces îles, qui ont donné son nom à la ville, Djézaïr, sur leur granit noir qui émerge des vagues en face d'Alger, contre les rocs porphyreux qui s'élèvent à la gauche de la ville, la mer vient toujours emplir l'air de son profond murmure, de la rumeur de ses flots, parfois d'éclats grandioses.

A droite, dans l'immense courbe gracieuse du golfe, sur la plage au sable d'or de ce rivage enchanteur, la Méditerranée déroule à chaque instant son blanc diadème d'écume, et revient sans cesse l'offrir aux pieds d'Alger et la proclamer sa reine.

Dans une continuelle possession du soleil, dont l'ardeur pour elle n'a pas de saison, amant puissant, toujours fidèle et captivé, sous les tièdes haleines, les longs baisers, les voluptueux attouchements d'un zéphyr frais et subtil qui l'enveloppe doucement et la caresse, la Terre, dans cet endroit merveilleux, semble toujours en folie amoureuse; mais en savourant de la volupté l'incessante ivresse, amante féconde, elle conçoit, elle produit sans relâche. Ses flancs fertiles se couvrent d'une luxuriante et magique parure ; leur richesse étonne et ravit ; cette parure est si éclatante, qu'on devine vite qu'elle est celle de la maîtresse d'Apollon, exilée de l'Orient.

La blanche Alger avec ses maisons brillantes, parait de loin encore une ville d'Ionie, implantée sur les côtes d'Afrique ; étagée si hardiment sur ce flanc de montagne, ancien bosquet chéri des Nymphes.

Ce fut une grecque devenue musulmane ; elle avait gardé, malgré l'Islam, la douceur de ses mœurs et sa beauté gracieuse.

Hélas ! Ainsi que tout ce qui est charmant et bon tombe au pouvoir des pervers, Alger, durant des siècles, fut la proie, l'esclave, d'une poignée de forbans et de corsaires, terrorisant la Méditerranée et bravant l'Europe.

Grâce à la France, elle est rendue à sa liberté et reprend sa force. Pareille à une plante foulée longtemps aux pieds, grâce à ses profondes racines, dans un sol très riche, sous ce climat exquis, elle repart ; elle se relève avec éclat.

Le génie français s'est énamouré d'elle : tous les artistes qui l'ont vue, l'ont peinte et chantée. Elle va devenir l'endroit le plus séduisant qu'un Français voudra habiter après Paris.

Puisse-t-elle, par sa grâce et sa jeunesse superbe, le rendre jalousement fier, ce Paris, cœur de la France, et provoquer en lui un autre sentiment que celui de l'indifférence !

APPENDICE

Aux pages précédentes, je joins quelques extraits d'un journal d'Algérie. Dans un journal, souvent malgré la fureur des épithètes accolées aux hommes politiques, l'on est obligé de garder sur les idées, sur le fond des choses, une grande réserve. Un rédacteur quelconque n'est pas à lui tout seul le journal; il ne peut y mettre toutes ses pensées, y exprimer librement ses opinions sincères sur les affaires les plus importantes.

Ce n'est que dans un livre que l'écrivain peut dire complètement, à sa guise, ce qu'il a vu, ce qu'il a senti, ce qu'il pense. Un livre aussi offre au lecteur une plus grande garantie d'honnêteté et de sincérité ; car, œuvre absolument d'individualité, le livre doit avoir pour le soutenir, son auteur, avec son honneur et même sa poitrine, s'il faut le défendre sur le terrain.

Mais, si le journal n'est pas l'organe de la vigie ou du penseur qui examinent moins l'état actuel des hommes et des choses que les conséquences qui en découleront, le journal est l'écho fidèle, souvent bien atténué, de l'opinion générale, à un moment, au sujet de tel ou tel événement.

Le lecteur pourra donc, dans ces extraits ci-joints, sentir, en substance, ce que l'auteur de l'*Algérie telle qu'elle est* a essayé de montrer et de dire, c'est-à dire ces expressions diverses d'un sentiment latent d'émancipation qui pénètre en Algérie, même dans l'esprit de ceux qui ne voudraient pas en parler. Et pourquoi? Si ce n'est à cause du déplorable système d'injustice qui accable aujourd'hui l'Algérien, le mène à la ruine ou à un profond dégoût.

LE DÉPEUPLEMENT DE L'ALGÉRIE

Il y a de bonnes gens qui s'étonnent du dépeuplement de l'Algérie, de l'émigration vers la République Argentine, du découragement de nos colons.

Ces « dégourdis sans malice prennent des airs ahuris dès qu'ils se trouvent en face des statistiques par trop édifiantes qui nous donnent le nombre des Algériens partis pour Buenos-Ayres.

Ils ne peuvent comprendre que l'on s'expatrie ainsi, que l'on abandonne une terre connue pour aller demander l'hospitalité et la vie à des pays inconnus dont les gazettes sont loin de dire du bien. Comment? Abandonner un si beau pays! L'abandonner même sans esprit de retour? Aller chercher fortune ailleurs, si loin? Ne pas rester sur ce sol si fertile où le travail finit par être récompensé?

Les favoris du sort qui tiennent ce langage ne veulent pas se faire à cette idée, que les malheureux cherchent à quitter le plus rapidement possible l'endroit où ils ont souffert, que les misérables vont n'importe où parce que l'espérance les y appelle.

Vous semblez tomber des nues, messieurs les dirigeants, quand vous entendez dire que les colons abandonnent leurs terres pour aller planter leur tente à la Plata?

Ah ça, mais qu'avez-vous fait pour les hommes que vous avez attirés ici?

Vous les avez cantonnés sur des concessions trop étroites, où il leur était impossible de se tirer d'affaire. Vous leur avez donné 20, 25, 30 hectares, quand vous auriez dû leur en fournir 50 ou 60. Vous lez avez conduits, avec des façons généreuses, des manières de gentilshommes prodigues, à la misère et à la ruine. Vous ne leur avez donné aucun encouragement. Ils étaient persécutés par telle administration? Vous ne les avez pas protégés : que dis-je? Vous leur avez ri au nez, lorsqu'ils sont venus vous apporter leurs si légitimes réclamations. Quand ils se sont lancés avec leurs propres ressources dans cette entreprise, ils ont emprunté, ils se sont hypothéqués; alors ils vous ont demandé d'installer *le crédit à bon marché, le crédit agricole*. Vous avez haussé les épaules. Ils vous ont dit: « Il nous faut des agrandissements de terre. Avec ce que nous avons, nous ne pouvons pas faire de l'élevage, tout ce que nous pourrions tenter. Venez à notre aide. Augmentez un peu nos ressources. Sortez-nous d'embarras. » Vous vous êtes détournés, parce que votre bonheur n'aimait pas à entendre leurs plaintes.

Et pour leur fils, qu'avons-nous donc fait?

Il y a là des appoints énormes pour la colonisation, des éléments de force et de succès absolument indiscutables. Le fils a souffert avec son père, à ses côtés, en trimant avec lui. Il est prêt pour le combat. Il a profité des expériences paternelles. Il ne tombera ni dans les mêmes erreurs ni dans les mêmes défauts. Il saura se conduire et conduire la ferme. Il est paré. Il a vécu sous ce ciel, sur cette terre qui trempe les caractères et qui réserve souvent de si cruelles méprises. Il est habitué aux intempéries, aux variations si brusques de température, au froid, à la chaleur, à la neige, à la canicule. C'est un Algérien dans toute la force du terme.

Eh bien? où va-t-il cet Algérien, à l'heure qu'il est? Où se fixe-t-il?

Ici? Non. Vous n'avez de places et de faveurs que pour

les émigrants de France, courtiers électoraux a caser, agents quelconques à récompenser, ou simplement ennemis à écarter. Depuis quelques années, il n'y a de villages que pour eux. Et les résultats sont beaux, en vérité. A l'heure qu'il est, 19 évictions ont été prononcées à Rénier. On sera sans doute aussi heureux avec les 76 émigrants que l'on amène à Aïn-Zouit et les 153 que l'on installe à Perigotville. Mais qu'importe? Il faut, n'est-ce pas, satisfaire X. et Y., représentants du peuple influents. Supprimons la colonie plutôt que le népotisme !

Pendant ce temps, les fils de nos colons font leurs malles, s'inscrivent pour l'étranger, et quittent cette terre qu'ils pourraient fertiliser mieux que personne.

Ce système conduit l'Algérie à la ruine.

Des agrandissements pour les colons;

L'attribution des concessions aux seuls fils de colons, répondant, bien entendu, aux conditions exigées par la loi;

Voilà le travail auquel devrait s'atteler un gouverneur digne de ce nom.

Quant à nous, nous ne cesserons de réclamer ces deux réformes indispensables à l'existence même de notre Algérie.

E. MORINAUD.

(*Républicain de Constantine* du 12 octobre 1889.)

NOS LISIÈRES

Simplifier les rouages administratifs, supprimer des formalités aussi vexatoires qu'inutiles, tout ramener à un minimum de centralisation, faire table rase du système de l'an VIII encore en vigueur, gouverner le moins possible, éloigner la jeunesse française du fonctionnarisme en le restreignant aux plus faibles proportions possibles, combattre la manie bureaucratique dont le Français est travaillé, de plus en plus travaillé, — voilà, à notre avis, une des premières besognes que la Chambre prochaine doive entreprendre.

Le mal dont nous souffrons, et au premier chef, c'est le mal bureaucratique.

Cette vérité est aussi indiscutable au point de vue métropolitain qu'au point de vue algérien et colonial.

Lorsqu'on pense que ce pays a été doté par les gouvernants du même organisme administratif que la

France, qu'un pays jeune, à la période d'incubation, qui a besoin de liberté, subit les mêmes chaînes que la mère-patrie, déjà si embarrassée dans les entraves que l'Empire lui a mises et dont la République ne l'a pas encore délivrée, on est stupéfié.

Voyez nos administrations. Elles sont aussi nombreuses qu'en France. Nous en avons même une collection spéciale. Il y a les degrés, les hiérarchies inévitables, les grades et les classes, des classes à n'en plus finir.

Pour gouverner l'Australie tout entière, l'Angleterre a là-bas quelques douzaines de fonctionnaires chargés de représenter le gouvernement de la reine. Tous les services logent dans une ou deux maisons.

Nous, en Cochinchine, sur 1,700 Français, nous comptons 700 budgétivores. Quant à nos villes algériennes, on peut dire qu'une grande partie de leur population est constituée par les bureaucrates, et que, si l'on alignait tous les monuments qui les logent, on arriverait à faire des rues d'une longueur respectable — et même des quartiers.

Ce que les 80 employés de la préfecture de Constantine, par exemple, abattent de besogne, est effrayant. Ce que les adjoints et secrétaires sans nombre des communes mixtes sont indispensables, particulièrement dans certaines communes, c'est, voyez-vous, renversant. On n'y pense pas sans frémir.

Nos colonies, c'est entendu, ne sont plus que les pâles décalcomonies de la Métropole, rendant ses défauts, ses mauvais côtés, ses taches, ses vérues, bien plus que ses qualités. Elles sont, comme la mère-patrie, des pépinières de fonctionnaires, l'exutoire des petits bourgeois en quête d'une place, le débouché assuré des administrateurs en herbe, des résidents au biberon, des petits substituts et des sous-préfets en bas âge.

Au lieu de laisser aux colonies naissantes la bride sur le cou, on leur met martingalles, double mors et force gourmettes.

Au lieu de favoriser l'émigration en offrant aux immigrants de l'Algérie plus de liberté, plus d'avantages, de facilités que dans la mère-patrie, on leur met les menottes et les poucettes. On les garotte : on leur ôte l'usage de leurs membres.

Résultat : l'administration chargée des règlements, des lois faites pour la France arrête dans leur œuvre colonisatrice les bras qui nous arrivent. Des Algériens, dégoûtés, partent pour la Tunisie où on leur laisse un peu plus l'aisance des coudes.

On s'étonne que l'Algérie ne se développe pas, ne marche pas rapidement dans la voie de la prospérité et du progrès économique.

Qu'on réforme donc le vieux système, puisque l'expérience le condamne, qu'on réduise une fois pour toutes ces administrations, qu'on nous ôte nos lisières, qu'on nous donne la liberté, qu'on nous délivre de ces réglementations excessives, de ces tracasseries fatigantes, de la bureaucratie qui nous enserre !

On verra bien le résultat.

E. MORINAUD.

LA COLONISATION

A la séance du Conseil général, une discussion fort intéressante s'est engagée entre M. le Préfet et M. Morinaud, rapporteur, sur un vœu du troisième bureau au sujet des terres à donner aux fils de colons.

Nous publions plus loin le texte de ce vœu.

M. Morinaud, en développant les conclusions adoptées par le troisième bureau, s'est attaché à démontrer que le système de colonisation pratiqué jusqu'ici avait produit les pires résultats et que loin de favoriser l'établissement des colons on avait créé un courant très fort d'émigration contre lequel il fallait lutter sans perdre de temps.

M. le Préfet, interpellé comme représentant de l'Administration, a répondu que le danger que l'on signalait n'était pas aussi grand qu'on se l'imaginait ; que les gens qui quittaient l'Algérie n'étaient pas des concessionnaires ou fils de concessionnaires, mais simplement des étrangers.

M. le Préfet croit qu'il n'est pas bon de répandre de telles idées qui discréditent l'Algérie, et qui détournent de notre pays les capitaux et les hommes qui seraient tentés d'y affluer. Il y a certes eu des départs d'Algériens pour la République Argentine, mais dans le nombre il ne se trouve que très peu de colons ou fils de colons.

Enfin, il n'est pas exact d'affirmer que rien n'a été fait pour les fils de colons et M. le Préfet lit les chiffres d'une statistique, desquels il résulte que des attributions de terre ont été données aux fils de colons.

M. Morinaud, rapporteur, s'est chargé de répondre à M. le Préfet et il l'a fait avec sa chaleur et sa conviction habituelles.

« Il a dit que le langage et les affirmations de M. le Préfet ne pouvaient pas être autres que celles qu'on venait d'entendre ; car l'administration est forcément optimiste, puisqu'elle défend son œuvre, tandis que nous, nous avons le devoir d'être pessimiste, puisque nous constatons et signalons le mal.

Le courant d'émigration existe et persiste ; il est même impossible d'en nier la violence, car ce sont bien des colons et des fils de colons qui abandonnent le sol qui ne suffit pas à les nourrir, et les statistiques sont là pour le prouver. Comment, d'ailleurs, peut-on admettre que le troisième bureau ait songé à signaler un danger imaginaire? Tous, ne connaissons-nous pas des amis, parmi les fils de colons, qui se sont embarqués sans esprit de retour, ou tout au moins n'avons-nous pas reçu les appels désespérés de colons qui avant de partir tentaient un suprême effort pour rester sur cette belle terre algérienne où ils avaient dépensé le meilleur de leurs forces et de leur argent?

Donc, le mal est impossible à nier. Quelle en est la cause ? M. le Préfet dit que c'est dans le mauvais choix des concessionnaires. Cette raison est la condamnation même du système de l'administration ; mais nous croyons que ce n'est pas surtout de là que vient le mal et nous inclinons à croire que l'émigration provient de ce que l'on n'a pas donné assez de terres pour vivre aux immigrants et qu'on n'a pas favorisé l'établissement de leurs enfants en leur attribuant des concessions.

C'est l'exiguïté des premières attributions et c'est le refus d'en accorder de nouvelles qui nous vaut le malaise dont nous souffrons. Comment admettre, par exemple, que dans les Hauts-Plateaux l'on puisse vivre et faire vivre sa famille avec le produit d'une concession de 25 à 30 hectares, superficie ordinairement octroyée?

Il faut que l'on donne 50 hectares dans le Tell et 100 dans les Hauts-Plateaux.

M. le Préfet craint que nous ne portions tort à l'Algérie en n'hésitant pas à signaler les défauts de son administration. Nous pensons, au contraire, qu'il ne faut pas se boucher les yeux en présence du danger et qu'il faut les ouvrir tout grands pour le mieux connaître. D'ailleurs, nous ne tenons pas à une trop forte immigration ; ce que nous voulons, surtout, c'est conserver les colons déjà établis et tâcher de maintenir les fils de ces mêmes colons en leur permettant de travailler et de vivre.

Que nous importe, en effet, ce chassé-croisé d'émigrants et d'immigrants, de gens qui ne viennent se fixer ici que d'une manière éphémère et d'Algériens qui quittent la colonie ?

D'après les chiffres mêmes de M. le Préfet, pendant son administration, depuis 1885 jusqu'à ce jour, il y a eu 190 émigrants, concessionnaires et 108 algériens, sur lesquels 39 sont des fils de colons.

Ces chiffres sont déplorables ; c'est cette lamentable situation que nous voulons faire cesser et nous croyons que l'Administration rendrait enfin un service signalé à l'Algérie si elle adoptait les conclusions que votre troisième bureau a eu l'honneur de vous soumettre.

M. le Préfet se trompe lorsqu'il prétend que cette question des fils de colons est née d'hier, et qu'on ne saurait en faire un grief à l'Administration. En effet, il y a des fils de colons de 35 à 40 ans qui, depuis longtemps réclament des terres, qu'on n'a jamais voulu leur donner. C'était pourtant par là qu'on aurait dû commencer.

Les fils de colons, seuls, peuvent faire de bonne colonisation et c'est eux que nous soutiendrons envers et contre tous. »

La réponse énergique de M. Morinaud a été accueillie avec faveur par le Conseil, qui, vu l'importance de la question, a ordonné l'impression du rapport et en a ajourné la discussion à la prochaine session.

D'ici là, nous aurons le temps de revenir sur ce gros problème de la colonisation et d'examiner encore le vœu du troisième bureau.

Nous croyons savoir qu'un certain nombre de conseillers généraux ont l'intention de se réunir pour approfondir ce vœu qui serait ensuite soumis au Conseil supérieur, où son adoption ne saurait faire de doute.

La représentation algérienne s'en saisirait aussi lorsqu'il aurait reçu la sanction de nos assemblées et ce serait là l'heureux début de la constitution des *Cahiers Algériens*.

LOUIS TRAMINI.

LES AGRANDISSEMENTS

ET LES CONCESSIONS AUX FILS DE COLONS

Le rapport du troisième bureau a été lu hier matin au Conseil général. Voici ce rapport.

VOEU

Le vœu suivant, Messieurs, a été déposé sur le bureau du Conseil général :

Les soussignés expriment le vœu :

1° Que les attributions territoriales soient désormais accordées aux fils de colons ou jeunes gens algériens répondant aux conditions de la loi, de préférence aux émigrants;

2° Que, lors de la création des nouveaux centres, des terres soient réservées pour servir à de futurs agrandissements;

3° Que, dans les villages créés, des agrandissements soient accordés aux colons soit sur les communaux, quand ils sont suffisamment étendus, soit sur les terres domaniales disponibles;

4° Que l'article 1er du décret du 30 septembre 1878 soit modifié dans ce sens, — savoir que les concessions sur les Hauts-Plateaux pourront atteindre 100 hectares, dans le Tell, 50 hectares.

Le vœu dont vous venez d'entendre lecture a recueilli 17 signatures.

Votre troisième bureau, Messieurs, vous prie de vous y associer.

Vous savez, en effet, quelle crise grave traverse l'œuvre colonisatrice, non seulement sur les Hauts-Plateaux, mais encore dans le Tell.

Les expropriations se succèdent avec une effrayante rapidité. Les ruines s'accumulent. La grande propriété se constitue au profit de particuliers qui ne cultivent pas, qui se bornent à louer les terres acquises aux indigènes, — ou d'établissements de crédit, de banques qui détiennent généralement sans les mettre en valeur les concessions qui leur sont échues. Dans la région de Sétif, on pourrait aisément citer des prêteurs d'argent qui possèdent aujourd'hui des villages entiers jusqu'à 7, 8, 10,000 *hectares.* Il serait oiseux de dire que les terres dont il est question restent à l'état inculte; que les nouveaux propriétaires se contentent de les donner à location aux indigènes qui n'apportent sur elles aucune espèce d'amélioration. On vous parlait, Messieurs, il y a quelques jours, du village d'Enchir-Saïd, d'où les colons partent les uns après les autres. *A Philippeville, à Jemmapes, à Bône, à Constantine, ce sont les établissements de crédit, le Crédit Foncier, la Banque qui possèdent aujourd'hui de grandes superficies.*

Il est certain, messieurs, qu'un pareil état de choses est profondément nuisible à la colonie.

Les colons, découragés, ne restent généralement pas dans le pays qui a été témoin de leurs déceptions et de leurs déboires.

Vous êtes au courant, Messieurs, de cet exode vers la République Argentine qui fait le vide, depuis plusieurs mois déjà, dans nos populations agricoles. Dans le dernier semestre de 1888, 600 Algériens se sont embarqués à Philippeville pour Buenos-Ayres. Pendant le seul mois de décembre, 370 sont partis pour la République Argentine. En face du nom de 6 électeurs de Saint-Charles, on voit cette mention : *Parti pour l'Amérique.*

Et, parmi les immigrants, on ne remarque pas seulement des colons qui n'ont pas été heureux dans leurs entreprises agricoles, des colons ayant obtenu des terres du gouvernement et les ayant perdues. Il y a également des jeunes gens algériens, des fils de colons. Nos meilleures ressources s'en vont à l'étranger, dans d'autres colonies, où le travail et les efforts des nôtres ne sont généralement d'aucun profit pour la mère-patrie.

Pourquoi cette immigration qui atteint directement notre fortune économique, notre avenir?

Parce que les terres données l'ont été trop parcimonieusement; parce qu'à l'heure qu'il est encore, le gouvernement préfère amener en Algérie des immigrants de France, plutôt que d'y fixer définitivement nos fils de colons, nos jeunes gens algériens, mieux parés, mieux armés, plus prêts pour la lutte.

Il appartient, Messieurs, à l'assemblée départementale de notre province d'attirer l'attention de nos gouvernants sur la situation qu'elle signale; de montrer le mal et d'indiquer les remèdes.

Tel est le but du vœu qui est soumis à votre approbation.

Aux termes de ce vœu, le gouvernement devrait tout d'abord accorder les attributions territoriales aux fils de colons ou jeunes gens algériens répondant aux conditions de la loi.

Dans un pays où l'immigration est si faible, n'est-il pas indispensable, en effet, de conserver tout ce que l'on a? Il n'y a pas de colonisation sans peuplement. Empêcher le dépeuplement, l'immigration constatée, en ce qui concerne les jeunes gens algériens est donc la première condition de notre essor économique. On atteindra ce résultat en accordant les terres disponibles à ces jeunes éléments de colonisation que nous trouvons sur notre sol, à côté de nous. Ces éléments-là ne sont-ils pas les meilleurs? Est-ce que nos jeunes gens ne représentent pas cent fois plus de chances de succès que les immigrants de France? Si l'on choisissait les nouveaux colons dans les rangs que nous indiquons, est-ce qu'on verrait dans un village, comme celui de Rénier, par exemple, 19 évictions imminentes?

Plusieurs villages, Messieurs, ont été créés il y a peu de temps.

Ils ont surtout été peuplés par les immigrants.

Dans quelques années, les expropriations pleuvront sur ces villages comme sur les autres. Les colons prendront le chemin de la République Argentine — que l'éviction n'aura pas frappés. Quant à nos jeunes gens, ils auront, eux aussi, pris la même route, alors que nous pouvions les retenir ici, les arrêter définitivement dans la colonie.

Il faut donc que les attributions territoriales soient allouées aux fils de colons ou jeunes gens algériens répondant aux conditions de la loi. Cette première partie du vœu s'explique et se soutient surabondamment.

Mais il est également indispensable d'augmenter les ressources de ceux de nos colons qui sont encore sur leurs terres et que la misère, que l'expropriation menace. C'est, vous le savez, Messieurs, le cas du plus grand nombre.

On s'étonne que nos colons ne réussissent pas mieux. Mais, pour peu qu'on réfléchisse, c'est le contraire qui devrait étonner. On a eu tort de se montrer si avare à leur égard. On s'est trompé quand on a cherché surtout à faire beaucoup. Comment un colon des Hauts-Plateaux qui doit, s'il veut se sortir d'affaire, se livrer à l'élevage, peut-il parer à tous ses besoins, avec 25 ou 30 hectares? Comment, sur ces Hauts-Plateaux, les récoltes incertaines, menacées par la sécheresse, les épizooties, les criquets, un colon peut-il gagner sa vie et prospérer avec une superficie de terre aussi exiguë? Dans le Tell, pourquoi ne pas avoir porté les concessions au moins à 50 hectares et sur les Hauts-Plateaux à un minimum de 100 hectares?

L'article premier du décret du 30 septembre 1878 fixant à 40 hectares l'étendue maxima des lots de village est donc à réformer tout d'abord.

Mais c'est l'organisation de l'avenir. Pour le moment, il est nécessaire de parer aux besoins immédiats, d'accorder, partout où les concessions n'atteignent pas 50 ou 100 hectares et où des agrandissements sont possibles, des augmentations de terres. Il y a, dans certains villages, des communaux trop étendus dans les environs, des terres domaniales disponibles, comme à Milah, par exemple.

D'ailleurs, l'administration peut, dans tous les cas, appliquer le sénatus-consulte tout d'abord auprès des centres créés. Ce travail ne manquera pas de donner les terres nécessaires aux agrandissements.

Pourquoi donc, dès maintenant, ne pas accorder les agrandissements que nos campagnes réclament?

Mais si l'on réalise ces agrandissements dans les villages créés, il faut qu'ils soient encore possibles dans les villages à venir. Nous disions tout à l'heure que le décret du 30 septembre 1878 devait être modifié dans son article premier, que les concessions devaient être pour les hauts plateaux portées à environ 100 hectares, pour le Tell à 50. Il est bien entendu que, de prime abord, les attributions territoriales n'auront pas cette étendue. Mais il faut qu'elles puissent être portées jusque-là, en réservant assez de terres autour du village pour répondre aux demandes d'agrandissements qui seraient sérieusement basées.

Nous ne nous étendrons pas, Messieurs, plus longtemps sur ce sujet.

Il nous semble que tous les Algériens doivent être d'accord en la matière et nous vous prions de vouloir bien adresser au gouvernement le vœu suivant :

1° Que les attributions territoriales soient désormais accordées aux fils de colons ou jeunes gens algériens répondant aux conditions de la loi, de préférence aux immigrants;

2° Que, lors de la création de nouveaux centres, des terres soient réservées pour servir à de futurs agrandissements ;

3° Que, dans les villages créés, des agrandissements

soient accordés aux colons, soit dans les communaux, soit sur les terres domaniales disponibles ;

4° Que l'article 1er du décret du 30 septembre 1878 soit modifié dans ce sens, — savoir que les concessions sur les Hauts-Plateaux pourront atteindre 100 hectares, dans le Tell 50 hectares.

MORINAUD.

L'ÉMIGRATION

Constantine, 14 octobre 1889.

Monsieur le rédacteur en chef du *Républicain*,

J'ai l'honneur de vous prier de vouloir bien insérer, dans les colonnes de votre estimable journal, ces quelques lignes en réponse à une insinuation qui me semble, peut-être à tort, m'être personnelle, de votre numéro du 12 courant.

Vous dites : « Quel Algérien n'est pas au courant du recrutement que fait dans notre colonie, sur notre sol, la République Argentine? » J'ai l'honneur d'être à la tête d'une agence, autorisée par le gouvernement français, en date du 8 décembre 1888, mais je ne fais pas de recrutement. Les gens viennent me trouver; je ne fais jamais de propagande.

Ce n'est pas moi qui envoie vos colons en Amérique, c'est la misère; je leur facilite les moyens pour ne pas mourir de faim.

Faites cesser les causes d'émigration et mon agence n'aura plus sa raison d'être.

Un nombre considérable d'émigrants vont s'embarquer ce mois-ci. Prouvez-moi que, dès maintenant, vous allez soulager de leur misère les colons qui font partie du contingent qui va quitter l'Algérie et je vous donne ma parole d'honneur que je ne leur signerai pas leur permis d'engagement.

Veuillez agréer, etc. PAUL XICLUNA.

Enfin, le jour même où je corrigeais les épreuves de ce livre, je lus dans *l'Eclair* cette dépêche :

UNE GRAVE ÉCHAUFFOURÉE EN ALGÉRIE
(PAR SERVICE SPÉCIAL)

ALGER, 19 mai. — Une dépêche de Guelma adressée au journal *la Dépêche Algérienne*, signale qu'aujourd'hui des Arabes en grand nombre ont pillé plusieurs magasins israélites. Quelques propriétaires de ces magasins en voulant défendre leur bien, ont été assommés à coups de matraques dont les pillards étaient armés.

La troupe a dû intervenir. A la suite de cette échauffourée, une centaine d'Arabes, parmi lesquels les meneurs, viennent d'être arrêtés. Plusieurs étaient porteurs d'armes chargées. Il paraîtrait que dans la bagarre, trois assaillants auraient été tués et un agent de police sérieusement blessé. Les dégâts sont considérables.

Ce fait est une réédition d'un caractère plus sérieux de faits semblables qui se sont produits ces jours derniers à Constantine, Jemmapes, Oued Zenati.

ÉVREUX, IMPRIMERIE DE CHARLES HÉRISSEY

www.ingramcontent.com/pod-product-compliance
Ingram Content Group UK Ltd.
Pitfield, Milton Keynes, MK11 3LW, UK
UKHW012157240726
13966UKWH00002B/389